BASTEI
LÜBBE
TASCHENBUCH

Weitere Titel der Autorin:

Mutti geht's gut

Titel auch als E-Book erhältlich.

Über die Autorin:

Laura Windmann wurde 1968 in Stade geboren und wuchs dort wohlbehütet mit Eltern und Bruder auf. Ihr Vater stand früher als Komödiant auf der Bühne und erhielt sich seinen Humor bis ins hohe Alter. Seit er starb, kümmern sich Laura und ihr Bruder um die Mutter. Ihre eigene Familie gibt ihr die nötige Kraft, ihren Tochterpflichten nachzukommen und dem nächsten Treffen mit Muddi positiv gestimmt und mit frischem Mut entgegen zu sehen.

Laura Windmann

Mutti hebt ab

Neue Geschichten
aus dem Leben
einer leidgeprüften Tochter

BASTEI LÜBBE
TASCHENBUCH

BASTEI LÜBBE TASCHENBUCH
Band 60796

1. Auflage: August 2014

MIX
Papier aus verantwortungsvollen Quellen
FSC® C006701
FSC
www.fsc.org

Dieser Titel ist auch als E-Book erschienen

Originalausgabe

Textredaktion: Sylvia Gredig, Köln
Titelillustration: Fabian Erlinghäuser
Umschlaggestaltung: Tanja Østlyngen
Satz: Helmut Schaffer, Hofheim a. Ts.
Gesetzt aus der Candida
Druck und Verarbeitung: CPI – Ebner & Spiegel, Ulm
Printed in Germany
ISBN 978-3-404-60796-9

Sie finden uns im Internet unter
www.luebbe.de
Bitte beachten Sie auch: www.lesejury.de

Vorwort

Muddi hebt ab! Und zwar vom gediegenen Sofa und raus in die Welt, und das nicht nur regelmäßig donnerstags mit mir zu unserer obligatorischen Einkaufstour, sondern auch außer der Reihe, zum Shoppen nach Hamburg zum Beispiel. Für eine Achtzigjährige nicht schlecht, finde ich. Okay, wenn es länger als einen Tagesausflug und über die norddeutschen Grenzen hinausgehen soll, dann muss ich argumentativ schon einiges an Vorarbeit leisten, um aufkommende Bedenken zu zerstreuen.

»Und was ist, wenn eine Einbrecherbande hier in der Gegend ihr Unwesen treibt und meinen Schmuck stehlen will, während ich mit dir in der Weltgeschichte herumgondele?« Solche Gedanken können die Unternehmungslust meiner Mutter schlagartig bremsen. Da heißt es dann: Gegenargumente finden!

»Glaub mir, Muddi, es ist weitaus vorteilhafter, nicht anwesend zu sein, wenn vier Wodka-beseelte Rumänen dein Haus auf den Kopf stellen und du ihnen nicht mit dem Nudelholz drohen musst, während sie versuchen, an deinen Sparstrumpf unter der marokkanischen Brücke im Flur zu gelangen.« Das sage ich, und sie beruhigt sich.

»Da liegt der doch schon lange nicht mehr, Laura! Ich habe ein neues Versteck gefunden«, entgegnet Muddi dann, und ich bin beunruhigt.

Nachdem ich mir in den letzten Jahren Verstecke wie

den Apothekerschrank im Badezimmer, den alten Koffer in einer der Abseiten, die linke Schublade der Werkbank meines Vaters, die rechte Außentasche des alten Persianermantels meiner Großmutter im grünen Bauernschrank und die marokkanische Brücke im Flur merken musste, befürchte ich nun, mein Erinnerungsvermögen irgendwann allein für mögliche Verstecke von Mutters Erspartem opfern zu müssen. Wie gut also, dass ich immerhin aufschreibe, was ich mit meiner unternehmungslustigen Muddi so erlebe. Das ist also schon mal *safe*.

Und sobald Koffer und Taschen für eine größere Reise gepackt und der Proviant verstaut sind, kommt meine Mutter auch schnell wieder in Fahrt. Vor allem was ihren Redeanteil betrifft, denn selbst nach etlichen Stunden auf der Autobahn wird sie einfach nicht gesprächsmüde.

Anscheinend stellt Muddis Hirn jeden Tag einen besonders großen Vorrat an Wörtern bereit, der möglichst zeitnah aus ihrem Kopf hinauswill. Aber wenn man allein lebt und nicht ständig Selbstgespräche führen will, ist das eben nicht so einfach. Sicher hebt Muddi auch deshalb regelmäßig ab, und zwar ihren Telefonhörer. Mindestens einmal am Tag klingelt sie bei mir durch, um mir irgendwelche Neuigkeiten mitzuteilen.

»Diese Misttannen, Laura!«, höre ich sie dann zum Beispiel durch den Hörer schimpfen. Und noch bevor ich ein »Hallo, Muddi!« sagen kann, ereifert sie sich weiter: »Beim nächsten Sturm werden sie alle umkippen, da wette ich drauf! Und dann muss die Feuerwehr kommen, und ich werde auf den Kosten sitzen bleiben. Kannst du diese Woche mal die Versicherungsunterlagen mit mir durchgehen?« Die nun folgende Redepause ist jedoch zu kurz für eine Antwort. »Laura, hast du gestern im Fernsehen den Heino gesehen? Jetzt singt der moderne Musiktitel nach! Und in Wacken ist der aufgetreten, zusammen mit Rammstein. Meine Güte, der muss es ja nötig haben … Wo lassen die Promis nur ihr ganzes Geld, frag ich dich? Das kommt davon, wenn es immer nur Hummer, Kaviar und Château Lafite sein müssen, um mit der elitären Masse mithalten zu können! Bah, ist mir übel!«

Man hätte diesem Buch im Grunde auch den Titel »Muddi hebt sich ab« geben können – denn wenn ich meine Mutter mit anderen Damen in ihrem Alter vergleiche, dann stelle ich immer wieder fest: Muddi bleibt wie eh und je neugierig und interessiert. Während die anderen älteren Herrschaften – Muddis Freundin Margot natürlich ausgenommen – nur noch damit beschäftigt sind, fünf Bingo-Zahlen zusammenzubekommen, wenn sie einen Seniorenabend besuchen, kann meine Mutter auch in Gesprächen rund um das Allgemeinwissen immer noch punkten. Egal, ob es sich ums aktuelle Musikgeschäft oder um das neueste iPad handelt. Meine Muddi ist bestens informiert! Und ihr kann man auch sonst nichts vormachen, nicht mal ein Trickbetrüger an der Tür, der glaubhaft beschwört, er sei ihr lang verschollener Neffe aus Übersee und brauche dringend dreitausend Euro.

Entweder würde meine Mutter gar nicht erst die Tür öffnen oder den Gauner mit einem Endlosmonolog über all die Arbeiten am Haus und im Garten, die auf zwei anpackende Männerhände warten, in die Flucht schlagen.

Apropos Flucht! In Gedanken hebt meine Mutter in letzter Zeit immer öfter ab in Richtung Kindheit, dann ist sie für einen Moment richtig in sich versunken. Aber wirklich nur für einen Moment, denn im nächsten sagt sie auch schon, wie glücklich sie als Kind in Pommern war. Zumindest bis zur Flucht aus dem damals besetzten Polen … Muddis Erinnerungen an die lange vergangenen Zeiten scheinen mit Fortschreiten der Jahre immer lebendiger zu werden. Als wäre ihr gerade zum ersten Mal wieder eingefallen, wie viele wunderhübsche und kostbare Puppen sie damals zurücklassen musste, kann sie zum hundertsten Mal von der Flucht vor dem Krieg erzählen. Und dann fällt ihr meist auch ganz schnell wieder ein, was sie von Buxtehude, wo ihre Familie schließlich strandete und sie seitdem lebt, hält. »Ich hasse Buxtehude wie die Pest!« Na, wenn das kein Statement ist! Wäre da nicht das Haus, sie wäre wohl fortgegangen.

Das Haus, in das meine Mutter mit meinem Vater zog und wo sie ihre Familie gründeten, wurde 1779 erbaut. Auf dem Grundstück mit seinen rund zweitausend Quadratmetern Fläche stehen üppige Obstbäume und hohe Tannen. So manche Kanonenkugel des Herrn Napoleon, die mein Vater beim Umgraben seiner Gemüsebeete fand, ziert noch heute das Bücherregal im Wohnzimmer. Und irgendwie sind das alte Haus und meine alte Muddi so gut wie unzertrennlich. Das Haus und der Garten treiben sie an.

Und Muddi treibt mich und meine Lieben an. Immer schon war sie der »Treiber« in unserer Familie. Ja, man könnte sagen: Muddi ist das Flugzeug und hebt mit uns ab!

Selbst mit achtzig möchte sie diese Rolle weiterhin beibehalten, vergisst jedoch dabei, dass ich nicht mehr die vierzehnjährige Tochter bin, sondern mich bereits seit geraumer Zeit im Erwachsenenalter befinde. So ergeben sich immer wieder kleinere Krisen, in denen einer von uns nachgeben muss. Ein Einlenken oder Nachgeben folgt meist jedoch erst nach langen Diskussionen, diversen persönlichen Kriegserklärungen, dem Nicht-Wahrhaben-Wollen einer anders gearteten Meinung als der eigenen und letztendlich einer gewissen Resignation und der Feststellung, dass es ohne die andere einfach nicht geht.

Hat sich mein Nervensystem nach solch einem Zwist endlich wieder runtergefahren, beschleicht mich seit einiger Zeit immer öfter das Gefühl, dass ich nicht nur einen Hauch von Muddis Temperament, sondern eine ordentliche Portion geerbt habe.

Aber lesen Sie selbst, und vielleicht erkennen Sie sich und Ihre »Muddi« in manchen Momenten auch wieder, wir jedenfalls nehmen Sie immer gern mit – dieses Mal sogar von Buxtehude zurück in die Vergangenheit!

Drei, zwo, eins –
Muddi hebt ab!
Roger and out.

1.

»Laura, aufstehen, Frühstück ist fertig!«

»Hallo, Sie da, aufstehen, der Kaufmarkt öffnet gleich!« Ich blinzle gegen das grelle Neonlicht an und sehe den Supermarktleiter, der sich die Hände in die Hüften gestemmt über mich und Muddi beugt. Aneinandergekuschelt liegen wir beide in einem selbstgebauten Nest aus Pappkartons. Rechts von uns sind die Brotwaren im Regal, links von uns die süßen Aufstriche. Wie passend für ein schnelles Frühstück im Stehen.

»Hallo, Platz machen, hören Sie? Sie können hier nicht den ganzen Tag liegen!« Die schwarze Ponytolle des Marktleiters wippt ungeduldig auf und ab.

Muddi gähnt einmal herzhaft und reibt sich tatendurstig den Restschlaf aus den Augen. »Komm, Laura, wir machen uns vor dem Kühlregal ein wenig frisch, und dann gehen wir beim Bäcker schön Kaffeetrinken.« Sie zupft an ihrem Dutt herum und sieht aus wie das blühende Leben. Ich streiche mir über die zerzausten Haare und fühle mich, als hätte ich die letzten drei Nächte auf der Reeperbahn durchgefeiert. Für so ein Leben im Supermarkt scheinen mir die nötigen Voraussetzungen zu fehlen, im Gegensatz zu Muddi, die mich antreibt, endlich aus dem Karton zu kommen.

»Laura, aufstehen, Frühstück ist fertig!« Muddis Stimme ist ganz nah an meinem Ohr. Und mit einem Augenaufschlag lasse ich diesen absurden Supermarkt-Alptraum hinter mir. Aber wo bin ich? Huch … Was mache ich im ehemaligen Ehebett meiner Eltern? Warum liege ich nicht zu Hause neben Laszlo, meinem Mann? Und warum muss ich wie früher als Kind wieder von Muddi geweckt werden, gibt es keine Wecker mehr?

»Der Tisch ist gedeckt, Laura!«, sagt Muddi.« Sie zupft an ihrem Dutt herum und sieht aus wie das blühende Leben. Im gleichen Moment ist sie durch die Tür verschwunden, wahrscheinlich um mir schon mal von ihrem heißen und sehr, sehr starken Bohnenkaffee einzuschenken.

Ich bewege erst einmal vorsichtig meine Glieder, während langsam die Erinnerung wieder zurückkehrt. Ach ja, Muddi hatte mich gebeten, ihr bei einigen Hausarbeiten behilflich zu sein. Und da gemeinsames Essen, Staubsaugen, gemeinsames Essen, Schubladen aufräumen, gemeinsames Essen, Papiere sortieren, gemeinsames Essen, Einkaufen und wieder gemeinsames Essen für einen Tag doch etwas viel Unternehmung und Nahrung sind, bin ich eben schon am Mittwochnachmittag nach Buxtehude gefahren. *Super Idee, Laura!*

Donnerstagmorgen um halb zehn sitze ich also im alten Ehebett meiner Eltern und blicke entsetzt in den komplett verglasten Schlafzimmerschrank. Ich streiche mir über die zerzausten Haare und sehe aus, als hätte ich tatsächlich die letzten drei Nächte auf der Reeperbahn durchgefeiert. … Mit Mitte vierzig sollte man die Abende bei einer Tasse Rotbuschtee auf dem Sofa verbringen und spätestens um 22.00 Uhr ins Bett gehen, ganz ehrlich.

Aber es hilft nicht, ich muss mich jetzt irgendwie aus diesen dicken Federkissen hieven. Die 1,5-Liter-Flasche

Wasser, die ich in der Nacht fast geleert habe (der Brand war fürchterlich!), nehme ich mit nach oben ins Wohnzimmer. Dort sind zum Glück bereits alle Spuren unseres gemütlichen Abends bei halbtrockenem Merlot, diversen Pralinenkreationen und anderen mehr oder weniger kulinarischen Exzessen beseitigt. Bis um zwei Uhr in der Frühe, Muddi ist Fan von *Domian*, der kultigen Telefon-Talkradio-Sendung, ging unser erster gemeinsamer Frauenabend – noch ahne ich zum Glück nicht, dass dies der Beginn einer neuen Tradition im Hause Windmann sein soll. Erschöpft und mit leichtem Kopfschmerz setzte ich mich an den wie immer von Muddi perfekt gedeckten Frühstückstisch.

Das silberne Tablett auf dem niedrigen Marmortisch offeriert, wie sollte es anders sein, vielerlei Frühstücksoptionen: von Erdbeermarmelade und Waldblütenhonig über körnigen Frischkäse, würzige »Lotsenwurst«, wie die norddeutsche Cervelatwurst genannt wird, butterweichen Camembert, mehrere Scheiben Appenzeller-Schnittkäse, deren strenger Geruch den schönen Kaffeeduft überdeckt, der mir erst in die Nase steigt, als ich die Tasse zum Trinken an den Mund führe.

»Nun iss erst einmal was, Laura! Soll ich gleich noch zwei Toastscheiben in den Toaster stecken?«

»Ich kann noch nichts essen, Muddi.«

»Ja, das geht aber nicht! Dann iss doch wenigstens das Ei! Hier, ein 5-Minuten-Ei, wie du es am liebsten magst.«

»Erst recht kein Ei!«

»Dann trink schön den Kaffee.«

»Jawoll, Muddi.«

Eine Tasse Kaffee von meiner Mutter aufgebrüht wird so viel Koffein enthalten, wie es sonst in einer ganzen

Kanne steckt … wenn ich nun nach und nach eine ganze Kanne eingeschenkt bekomme, wie viel Koffein habe ich dann am Ende wohl intus? Bloß nicht genau nachrechnen, ermahne ich mich im Stillen, sonst explodiert mein Kreislauf jetzt sofort. Ich muss das Kaffeetrinken mit Muddi wie eine Art Extremsport betrachten. *No risk, no fun*!

Zwei Stunden später, inzwischen habe ich nicht nur etliche Tassen Kaffee, sondern auch das Ei, diverse belegte Toastscheiben, Obst und Apfelkuchen vom Vortag verzehrt, brechen wir zu unserer wöchentlichen Shoppingtour in den Kaufmarkt auf. Dabei ist es nicht so, dass in Muddis Vorratsschrank noch viel Platz wäre. Darin stehen bereits so viele Ravioli- und Heringsfiletdosen für »den Notfall«, dass sie locker einen ganzen Monat lang davon leben könnte. Erstaunlich auch, dass der untere Regalboden unter der Last der zwanzig Cola-Trinkflaschen, die sie allein für Philipp, Muddis geliebten Enkel, meinen geliebten Sohn, auf Vorrat gekauft hat, falls er mal spontan vorbeischaut, noch nicht zusammengebrochen ist.

Der *Donnerstag* in seinem Ganzen, als Erlebnis, ist ein Konstrukt aus einer längst vergangenen Zeit, als Muddi noch Vaddi an ihrer Seite hatte, und beide ihr Töchterchen aus einem Dorf bei Buxtehude abholten, wo sie ihre erste eigene Wohnung hatte, um mit ihr – sie besaß selbst kein Auto – einkaufen zu fahren. Der Donnerstag und der gemeinsame Einkauf gehören einfach zusammen wie Grünkohl und Pinkel, wie Dackel und Blick, wie Sylvester Stallone und seine Lippe. Ach, was sage ich – der Donnerstag und der Einkauf sind wie Klitschko und Klitschko!

Genauso explosiv, grundsätzlich gefestigt und nicht erst seit gestern in der Welt!

Der Vater starb, das Töchterchen bekam ein Auto, die beiden Frauen fuhren weiterhin zusammen einkaufen. Der Donnerstag ist also geblieben. Nur in abgewandelter Form.

Und so fahre ich mit Muddi auch heute mal wieder zum Kaufmarkt in Buxtehude. Und schon aus der Ferne scheint uns das grün-gelbe Kaufmarkt-Banner entgegenzuwinken, fast so als wolle er sich gleichsam verabschieden, denn bereits seit mehreren Monaten wird die Filiale dieser Supermarkt-Kette umgebaut.

»Weiß du, Laura, auch das Logo wird sich verändern, die bekommen ganz neue Farben, ein neues Design. Corporate Identity«, erklärt mir Muddi, obwohl ich bei dem Gespräch, das sie vor ein paar Wochen mit dem Supermarktleiter führte und in dem sie das alles nachgefragt hatte, dicht neben ihr und dem Supermarktleiter gestanden und alles selbst genau mitangehört hatte. Aber ich nicke interessiert und lasse sie weiterreden, während ich den Wagen auf den Parkplatz und in eine Parkbucht lenke. »Weißt du noch, wie wir Anfang des Jahres beim Bäcker standen, um dieses köstliche Bauernbrot zu kaufen, und dann das Wasser durchs Dach durchbrach. Wie eine Flutwelle schoss es neben uns auf den Verkaufstresen. Die hätten das Dach doch regelmäßig begutachten lassen müssen, das war lebensgefährlich! Und der alte Boden hatte bereits Löcher, richtige Stolperfallen! Aber dass die dann monatelang alles, wirklich alles auf den Kopf stellen und wir jede Woche neu suchen müssen, wo die Butter, die Marmelade, die Raviolidosen ...« Untermalt von Muddis Redefluss betreten wir den frisch renovierten Eingangsbereich des Supermarkts, in dem sich auch mehrere Franchise-Unternehmen befinden. Der besagte Bäcker, ein Blumen-, ein Tabakwarenhändler, eine Poststelle und ein thailändisches Schnellrestaurant. Alle inzwischen in neu gestylten Bereichen untergebracht.

»Hübsch geworden, nicht, Laura? Wirklich hübsch! Hat sich dieses ganze Brimborium doch tatsächlich gelohnt …« Wie in Zeitlupe dreht sich Muddi Millimeter für Millimeter um ihre eigene Achse, um auch ja nur alle Neuerungen ausgiebig in den Blick nehmen zu können. Dabei drückt sie den noch leeren Einkaufskorb fest an ihre Brust.

Und dann sind wir so weit, fertig für die Kür, fertig zum Wocheneinkauf. Ach, hatte ich Ihnen schon gesagt, dass Muddi so langsam einkaufen kann, dass man beim Zusehen eine Tiefenentspannung erfahren könnte. Aber nur, wenn man mit Muddi nicht verwandt ist und wenn man sie nicht gerade selbst begleitet, während sie in ihrem Slow-Motion-Modus durch die Gänge zockelt. Mir fällt mein Traum am Morgen wieder ein … Vielleicht gar keine so schlechte Idee, nach einem geräumigen kuscheligen Pappkarton Ausschau zu halten, in dem ich ein Nickerchen einschieben kann. Bis Muddis Stimme auf einmal durch die Lautsprecher des Supermarktes tönt: »Laura? Laura, wo steckst du? Kannst du mal endlich zur Kasse kommen? Ich steh mir hier noch die Beine in den Bauch.«

2.

»Kaufmarkt hieß früher Lampert.«

»Mann, Mann, da hatten Sie hier ja täglich diesen Krach vom Bohren und Aufstemmen, nicht?« Muddi steht an der Kasse von Frau Meyer, ihres Zeichens Deutschrussin. Wir würden sie, ihren Mann, ihre Kinder und ihr Haus sowie ihre Lebensgeschichte sicher en détail kennen, wenn sie nur mehr zu Wort käme.

Frau Meyer antwortet, während Muddi gemächlich ein Paket Butter auf das Band legt: »Ja, das können Sie wohl sagen, Frau Windmann!«

»Sie wissen ja, dass wir schon seit dem zweiten Tag der Ersteröffnung hierherkommen, Frau Meyer, nicht?«

»Ja, ich weiß, Frau Windmann.« Frau Meyer lächelt.

Muddi stopft die sechs Zeitschriften aus der Reihe *Falls Sie's noch nicht wussten: Helene Fischer und Florian Silbereisen verbringen Romantik-Wochenende auf der Alm!* zwischen zwei Flaschen Waldmeistersirup auf das Band.

»Kaufmarkt hieß früher Lampert. Die Lamperts hatten ganz am Anfang ein Herrenbekleidungsgeschäft in Cuxhaven, wussten Sie das schon?«

»Ja«, antwortet Frau Meyer und scannt die sechs Zeitschriften ein. Natürlich weiß sie das nur, weil meine Mutter es ihr schon des Öfteren erzählt hat.

Muddi blickt kurz auf eine Packung Zahnpasta und wirft ein: »Gott ja, zum Zahnarzt müsste ich auch dringend!« Lässt die Zahncreme aufs Laufband plumpsen, fasst sich kurz an die rechte Wange und fährt fort.

»Danach hieß der Laden Super-Bazar. Und beinahe jede Woche gab es irgendetwas Besonderes. Einmal war Marika Rökk hier und hat für ihre Hautcreme geworben, die sie gerade auf den Markt gebracht hatte. Da gab's für alle Autogramme!«

»Mhm, das ist ja toll!« Frau Meyer nickt und tut sogar erstaunt.

»Und in der Mitte der Verkaufsfläche stand ein rechteckiger Brunnen, dekoriert mit Pflanzen. Im Brunnen schwammen Goldfische und kleine Schildkröten!«

»Was? Schildkröten?«, ruft Frau Meyer jetzt wirklich perplex.

Vor meinem inneren Auge sehe ich plötzlich wieder diesen Brunnen von damals, der uns Kinder immer magisch angezogen hatte. Ich erinnere mich noch ganz genau, dass ich die Wasserschildkröten sogar auf die Hand holen durfte. Wie das wohl heute wäre, mit so einem Brunnen im Eingangsbereich? Der wäre bestimmt innerhalb von einer halben Stunde leer gefischt ... wenn nicht von irgendwelchen Kindern, die sich daraus einen Spaß machten, dann sicher vom Tierschutz.

Muddi legt nun zehn Tafeln Zartbitterschokolade aufs Band. »Die sind für meinen Enkel«, kommentiert sie ihre Auswahl.

»Natürlich«, sagt Frau Meyer und lächelt.

»Dann hieß der Laden Suba-Center. Gott weiß, wer sich andauernd neue Namen für diese Konsumtempel ausdenkt!«

»Hm, ja«, bemerkt Frau Meyer und scannt drei Strumpfhosen in Größe 46.

Muddi ruft: »Es ist zum Heulen! Ich hatte früher Kleidergröße 36! Und jetzt …«

»Ja, wem sagen Sie das!« Frau Meyer seufzt und beißt einmal genüsslich von ihrem Käsebrötchen ab, das griffbereit in einem Fach unter der Kasse liegt.

»Eine Zeit lang fuhr so ein kleiner Roboter durch die Gänge. Er hielt ein Tablett, auf dem Bonbons lagen, und man konnte sich, sooft man wollte, bedienen!«

»Ehrlich?«, fragt Frau Meyer.

»Ja, er unterhielt sich dann mit der Kundschaft, plauderte unentwegt!«

Frau Meyer schüttelt ihren Kopf und scannt weiter die Ware ein.

Ich stehe jetzt gefühlt seit einer halben Stunde hinter meiner Mutter und warte. Die Kunden, die sich anfangs noch hinter mir angestellt hatten, sind inzwischen zu einer anderen Kasse gewechselt.

»Heutzutage wird ja auch nichts mehr für die Kundschaft getan«, klagt Muddi, und Frau Meyer nickt.

»Diese mickrigen Fruchtbonbons, die sie hier heute verschenkt haben, können die sich an den Hut stecken! Das ist ja lächerlich!«

Frau Meyer hört für einen Moment auf zu nicken.

Ich versuche derweil, meinen Einkauf auf das Laufband zu legen. Viel Platz dafür gibt das Band immer noch nicht her, weil es bei Muddi ja nicht wirklich vorangeht.

An meinem Paket Fürst-Pückler-Eis perlen inzwischen dicke Tautropfen herab, und das Hackfleisch nimmt bereits eine bedenkliche Farbe an.

Ein Herr mit lediglich zwei Paketen Schwarzbrot, der

sich fröhlich pfeifend hinter mir angereiht hatte, stöhnt jetzt laut auf. »Du meine Güte!«, zischt er und geht zur Nachbarkasse.

Ich bewundere Frau Meyers Geduld und frage mich, ob die Marktleitung aus ihrer Überwachungszelle oberhalb der Kassen von Muddis Blockade etwas mitbekommt und Frau Meyer später eine Abmahnung erhält.

Aber vielleicht ist es auch ganz anders, und Frau Meyer wird eine Zulage ausgezahlt, wenn sie die Einkäufe meiner Mutter abkassiert. Schließlich kauft meine Mutter jede Woche eine nicht zu geringe Menge an Waren ein. Sie ist nun mal keine Otto-Normal-Rentnerin, die bloß eine Packung Müsli, ein Päckchen Gebissreiniger und eine *frau im Beet* oder *frau heut Nacht* oder *frau unterwegs* kauft. Neiiiin!

Meine Muddi kauft jede Woche für sich allein mehr ein als ich für mich, meinen Mann, meinen Sohn und den Hund zusammen! Ich trage ihr jede Woche mindestens vier Einkaufstaschen und ihren Bastkorb voll beladen in ihre Küche.

Moment! Wahrscheinlich gibt es sogar Prämienzahlungen für die Kassiererinnen, die Muddi bedienen. Deshalb winken sie ihr immer schon von Weitem zu. Die wollen gar nicht nur nett grüßen, die wollen meine Mutter an ihre Kasse locken!

»Laura, kannst du dich noch an den Indianer erinnern?«, fragt Muddi unvermittelt, legt fünf Bananen und einen Beutel Äpfel aufs Band und strahlt mich an.

Oh ja! Und wie ich mich erinnere!

Ich war ungefähr acht Jahre alt und habe jede Folge *Winnetou* gesehen. Ich habe mit meiner besten Freundin Duni sozusagen im Apachenland gelebt. Sie war

Ntscho-tschi, ich Winnetou. Wir saßen jeden Nachmittag in unserem kleinen Spiele-Wigwam bei geschätzten fünfzig Grad Innentemperatur, schnitzten Pfeile und schmiedeten den nächsten Angriff auf die Bleichgesichter.

Eines Tages tanzte im Eingangsbereich vom Suba-Center ein Indianer. Er trug eine Lederhose mit Schurz und einen wunderschönen Kopfschmuck aus Adlerfedern. Und er sang zu einem bezaubernden Tanzlied der Cherokee-Indianer.

Ich weiß noch ganz genau, wie fasziniert ich von diesem Menschen und seiner Darbietung war, und ich habe mich sogar für ein Autogramm in die lange Schlange gestellt. Für einen sonst schüchternen Teenager nicht selbstverständlich. Heute ärgere ich mich sehr darüber, dass ich dieses Autogramm nicht mehr besitze.

Dank unseres besten Freundes, Herrn Google, habe ich meinen Indianer vor ein paar Jahren wieder gefunden. Er hieß Buffalo Child, lebte seit seiner Zeit als GI in Deutschland nahe München und war mit einer Deutschen verheiratet. Es gab diverses Merchandising, Tourneedaten und Videos auf seiner Homepage. Allerdings ist er inzwischen wohl verstorben, die Einträge endeten vor einiger Zeit. Aufgetreten ist er jedoch noch bis ins hohe Alter von ungefähr neunzig!

»Stellen Sie sich vor, ein waschechter Indianer hat hier getanzt!«, ruft Muddi freudig aus, während sie die letzten Einkaufsteile wieder zurück in den Einkaufswagen legt.

Frau Meyer blickt mich an. Ich nicke verträumt und auch ein bisschen müde.

»120 Euro und 45 Cent, Frau Windmann!«, höre ich Frau Meyer sagen.

Muddi kramt in ihrem Portemonnaie herum. »Wissen

Sie, Frau Meyer, meine Tochter war ja so was von wild auf den ganzen Winnetou-Kram!«

O-oh, ich ahne Fürchterliches und gucke betont teilnahmslos.

»Sie war ja so was von verliebt in Pierre Brice!«

Frau Meyer grinst und gibt Muddi auf ihre 150 Euro raus.

»Laura und ihre Freundin Duni sind nur noch durch das Gebüsch gepirscht und wollten den Nachbarsjungen an den Marterpfahl binden und ...«

Ein junger Mann, der anscheinend die letzten Minuten Zeuge von Muddis Ausführungen geworden war, drängt sich neben mich, tippt ihr auf die Schulter und raunt ihr zu: »Weiße Squaw! Dein bleichgesichtiger Bruder möchte seine Jagdbeute heute noch häuten, von seiner Squaw zubereiten lassen und mit seinem Clan essen. Beeile dich, eh dein Bruder das Kriegsbeil ausgräbt, denn ein ergrauter Skalp fehlt noch in meiner Sammlung!«

Und für diese Einlage hat sich die ganze Warterei doch wieder gelohnt: Heute Morgen hätte ich nicht für möglich gehalten, dem Geist von Buffalo Child noch einmal so nahe zu kommen. Ein Einkauf bei Kaufmarkt ist eben immer eine Reise wert!

3.

»Der dusselige Dackel hat doch tatsächlich meinen Zahn gefressen!«

»Gott, Laura, mein Zahn tut so weh! Ich glaub, der stirbt ab.«

Muddi sitzt wie ein Häuflein Elend bei uns zu Hause und presst die eisgekühlte Apfelsaftschorle gegen ihre rechte Wange statt davon zu trinken. »Mir sind gestern schon wieder ein paar Plombenstückchen abgebrochen«, jammert sie.

»Du wolltest doch auch schon seit Wochen zum Zahnarzt«, kommentiere ich schulterzuckend ihre Leidensmiene. Typisch Muddi! Schiebt die Arztbesuche immer so lange raus, bis es akut wird. Und zwar an einem Besuchswochenende bei uns, wann sonst?

»O Gott, wie ich das hasse! Wenn ich schon an den Behandlungsstuhl dieser Ärztin denke, wird mir schlecht. Und schwindelig ist mir auch sofort!«

Sie stellt die Apfelsaftschorle demonstrativ in die Mitte des Esstisches. Diese Geste soll mir sagen: Jetzt kann ich wirklich gar nichts mehr davon trinken, jetzt verspüre ich zusätzlich zu den Zahnschmerzen auch noch Übelkeit. Musstest du denn auch noch die ZAHNÄRZTIN erwähnen, Laura?

»Aber Dr. Hummerich kann dir vor der Behandlung

doch eine Spritze geben. Dann merkst du garantiert nichts von dem Eingriff«, versuche ich, sie zu beruhigen.

»Das hilft bei mir nicht, das weißt du doch. Ach, wenn ich die blöde Hummerich nur sehe und die mich mit ihren Beruhigungsfloskeln vollquatscht. Hält die mich für doof?«

Jetzt richtet Muddi sich auf, schließt die Augen, zieht beide Augenbrauen hoch und zitiert mit geschürzten Lippen in höherer Stimmlage ihre Zahnärztin.

»Ach, Frau Windmann, Sie brauchen sich gar keine Sorgen zu machen, mit dieser Spritze hier spüren Sie die Behandlung kein bisschen. Und die Spritze selbst macht nur einen kleinen, gaaaaanz kleinen Pieks. Versprochen!«

Muddi öffnet ihre Augen, sieht mich böse an, haut einmal mit der Faust auf den Tisch, dass die Apfelsaftschorle beinahe überschwappt, und sagt erbost: »Und dann spritzt sie die Betäubung und will schon nach fünf Minuten mit dem Bohren anfangen! Da hab ich aber beim letzten Besuch gesagt, dass sie noch länger warten soll. Meine Lippen waren ja noch nicht einmal taub! IST DIE BESCHEUERT?« Muddis Zornesfalten glätten sich nach dem Ausruf abrupt wieder, und sie sagt mit lieber Muddi-Stimme: »Ach Laura, mach uns doch mal einen Kaffee. Und vergiss den Zucker und die Milch nicht.«

Ich spare mir dieses Mal den Kommentar darüber, dass ich noch nie den Zucker und die Milch in ihrem Kaffee vergessen habe, und gehe in die Küche. Während ich die Kaffeemaschine anwerfe, stelle ich mir vor, wie meine Mutter die Zahnärztin in den Wahnsinn getrieben haben muss. Ich sehe den Behandlungsraum mit einer großen Wanduhr, Muddi in Liegeposition und die Ärztin daneben. Vermutlich eine Viertelstunde nach dem Setzen der Spritze will die Ärztin anfangen zu bohren. Meine Mutter aber packt die Ärztin entsetzt an den Armen und brüllt: »Um Gottes willen, sind Sie irre? Nur weil ich 'ne alte Oma bin, können Sie doch nicht mit mir machen, was Sie wollen! Sie setzen sich jetzt wieder hin und warten mit mir noch mindestens dreißig Minuten, bis ich die Betäubung auch spüre. Jetzt ist da noch gar nichts taub, Sie hohle Nuss! Wo um Himmels willen haben Sie studiert? Im Outland bei den Aborigines?«

»Und schuld an meiner Zahnarztangst ist der Arzt aus Stettin!«, ruft Muddi aus dem Esszimmer zu mir herüber.

Und ich weiß, was jetzt kommt: die Milchzahngeschichten. Seufzend gieße ich zwei Becher voll Kaffee, gebe für Muddi zwei Teelöffel Zucker und einen Schuss Vollmilch hinzu – der ultimative Zahnschmerztest sozusagen –, in meinen Becher nur einen Schuss Milch.

Zurück am Tisch warte ich geduldig.

Erstens auf das, was passiert, wenn Muddi den süßen Kaffee schlürft. Zweitens auf die erste Milchzahngeschichte. Ich weiß, dass ich um sie nicht herumkomme. Selbst wenn ich jetzt schnell ein anderes Thema anschneide, später würde Muddi trotzdem ihre beiden Geschichten erzählen. Weil diese, wenn sie einmal in ihrem Tageskalender im Hirn aufleuchten, unbedingt erzählt werden müssen. Der Kalender wird heute noch bis um Mitternacht regelmäßig aufschrillen, vibrieren und in Leuchtbuchstaben folgenden Text an die Decke werfen: »Du musst noch die Milchzahngeschichten erzählen! Und wenn Laura dir sagt, sie hätte diese Geschichten schon drei Millionen Mal gehört: Ignoriere das! Du musst sie erzählen!«

»Hallo, Oma, na? Alles *easy*?« Philipp setzt sich neben

seine Großmutter. Muddi umarmt ihn kurz, er lehnt sich zurück und betreibt *social networking* an seinem Smartphone.

Muddi hebt ihre Kaffeetasse, führt sie an ihre Lippen, dann überlegt sie es sich anders und fängt doch erst mit der Milchzahngeschichte Nummer eins an, während sie den vollen Becher wieder absetzt.

Mit Schrecken stelle ich fest, dass ich simultan Wort für Wort mitreden könnte! Erstaunlich, mit welchen Altlasten mein Gehirn gefüllt ist … und dass da immer noch Platz für wichtigere Sachen zu sein scheint. Aber irgendwann wird die Schublade »Muddis Anekdoten« überfüllt sein, und sie werden auch andere Bereiche in meinem Hirn besetzen. Ich sehe mich in der Zukunft, wie ich von einem Polizist in einer Unfallsache befragt werde, die ich als einzige Zeugin beobachtet habe, und statt irgendwelche sachdienlichen Hinweise zu geben, rede ich fortwährend von den schlimmen, schlimmen Milchzahngeschichten meiner Muddi …

»Damals in Stettin, das war vielleicht im Jahr 1940, hat mir der Zahnarzt ohne Vorwarnung einen Milchzahn gezogen, ach was sag ich, herausgebrochen hat er ihn, mit einer Riesenzange!« Muddi hält sich eine Hand vor die Augen und schüttelt fortwährend den Kopf, so als wolle sie die Erinnerung auf diese Weise abschütteln. Mit der anderen Hand hat sie Philipps Unterarm ergriffen, den sie fest drückt.

Philipp streichelt Muddi beruhigend über die Hand.

Ich streichle mir beruhigend über die Hand.

Ich muss akzeptieren, dass Muddi so etwas wie ein frühkindliches, posttraumatisches Erlebnis plagt – nicht durch die Kriegszeit bedingt, sondern durch diesen ersten Zahnarztbesuch. Dieses Kindheitstrauma macht sie bis heute zum »Hosenschisser der Nation«, wie sie selbst gern sagt, zumindest in Bezug auf Arztbesuche.

»Stellt euch das mal vor. Einem Kind mit roher Gewalt einen Zahn herausbrechen. Und meine Mutter hat nur zu mir gesagt: Na, Hauptsache, er ist raus. Nur weil sie selbst jegliche Zahnarztbehandlung, selbst eine Wurzelbehandlung, ohne Betäubung ertrug, erwartete sie von ihrer Tochter das Gleiche.«

Muddi hebt den Kaffeebecher an ihre Lippen … und trinkt. Doch statt eines Aufschreis, weil der Zucker den wehen Zahn quält, quält Muddi mich mit der zweiten Milchzahngeschichte. Philipp zwinkert mir beschwichtigend zu, als er meine Leidensmiene entdeckt. Warum kann er nur so locker bleiben?

»Ich erinnere mich noch ganz genau …«, fängt Muddi an.

Genau, denke ich, ich erinnere mich ebenfalls ganz genau.

»… dass ich einmal bei Opa Tomaschewsky am Frühstückstisch saß, damals in Stettin, und wir gerade köstliche Marmeladenbrötchen aßen. Gott, Laura, manchmal hab ich richtig Heimweh nach diesen Marmeladenbrötchen! Ach, ich hab eh solch ein Heimweh nach Stettin … Wie es da heute wohl aussieht?« Muddi macht eine Pause, und ich entdecke ein Tränchen in ihrem Augenwinkel. Doch bevor ich das aufkommende Mitgefühl auch verspüren kann, erzählt sie auch schon weiter.

»Als ich von dem Brötchen abbiss, brach mir ein Milchzahn heraus, der erste. Ich weiß nicht, wie es passieren konnte, aber auf einmal lag mein kleiner Zahn auf dem Boden. Ich sprang vom Stuhl, um ihn aufzuheben, aber der Hund von Tomaschewskys kam mir zuvor. Der dusselige Dackel hat doch tatsächlich meinen Zahn gefressen! Gott, wie war ich traurig! Mein erster Milchzahn, der ausgefallen war! Ich hätte den Köter umbringen können!«

Philipp schmunzelt und fragt interessiert: »Aber warum hat denn niemand die Häufchen untersucht? Der Zahn wurde von dem Dackel doch sicher wieder ausgeschieden.«

Muddi winkt ab: »Milchzähne haben damals niemanden interessiert! Und ich wusste ja nicht, wie so ein Dackel einen Zahn verdaut ... oder eben nicht.«

Plötzlich sagt Muddi ganz beseelt: »Aber wartet mal ...«, und beginnt in ihrer Handtasche zu kramen. »Gott, was hab ich nur für einen Plunder da drin«, kommentiert sie das Wühlen zwischen Taschentüchern, fein säuberlich gefalteten Stoffbeutelchen, Keksen und zwei kleinen Eau-de-Cologne-Fläschchen. »Ah, da ist sie!«, jubelt Muddi schließlich und hält eine moosgrüne Schmuckschatulle in die Höhe.

Oh, überlege ich, *möchte sie mir oder Philipp ein altes Familienerbstück, vielleicht ein Amulett mit den Fotos unserer Ahnen zeigen?*

Weit gefehlt! Obwohl: der Begriff »Familienerbstück« passt schon. Vorsichtig öffnet sie die Schatulle und raunt geheimnisvoll: »Schaut mal ...!«

Ich blicke in das mit schwarzem Samt ausgelegte Schmuckdöschen und danach zu meinem Sohn und registriere an seinem Blick, dass er dasselbe sieht wie ich. Es hätte ja durchaus sein können, dass ich es mir nur einbilde, schließlich bin ich manchmal durchaus nicht ganz Herr meiner Sinne, wenn Muddi meine Gedankengänge verwirrt ... So ein hartnäckiger Verwirrungsangriff könnte ganz bestimmt auch meinen Sehnerv beeinträchtigen, sodass die Stäbchen und Zapfen in meinen Augen miteinander Tango tanzen und ich Dinge wahrnehme, die gar nicht existent sind!

In der Schatulle liegen zwei kleine Zähne. Ach was, winzige Zähnchen.

»Das sind Milchzähne von Kessi«, sagt Muddi und strahlt.

Kessi war Muddis geliebter Dackel, der inzwischen bestimmt schon fünfzehn Jahre tot ist.

»Die Zähnchen sind ihr 1984 ausgefallen, und ich habe sie verwahrt. Sind die nicht goldig?«

Eher bräunlich, denke ich, nicke aber stumm. Über ein Vierteljahrhundert schleppt meine Mutter die Milchzähne von ihrem verstorbenen Dackel in ihrer Handtasche herum. *Warum?*, frage ich mich. Und in einem Anflug von Neid schießt mir plötzlich durch den Kopf: *Warum Kessis und nicht meine?*

»Ich dachte schon, das sind Mamas«, sagt Philipp und lacht. Er zückt sein Handy und schießt ein Foto, welches er im nächsten Moment auch schon auf Facebook postet. Ich lese später, dass er das Bild mit folgenden Worten kommentiert hat: »Crazy: Meine Oma hat immer transportable Zähne dabei!«

Und dann denke ich, dass Muddis Milchzahngeschichten in dieser schnelllebigen und unübersichtlichen Zeit des Internets und der Globalisierung doch auch etwas sehr, sehr Verlässliches haben … wie die Müllabfuhr an jedem Donnerstag, wie der Sommer nach dem Frühling, wie der Schmetterling, der aus der Raupe schlüpft, wie das Häufchen aus meinem Hund … Okay, es reicht, Sie haben bestimmt verstanden.

Als ich am Abend, nachdem ich Muddi wieder nach Hause gebracht habe, allein im Auto zurückfahre, muss ich bei dem Gedanken an die Dackelzähne in der moosgrünen Schatulle auf einmal laut lachen: Soll Laszlo noch einmal sagen, ich würde nutzloses Zeug in meiner Handtasche herumschleppen!

4.

»Das nächste Mal zahl ich gleich beim Bestellen!«

Es gibt Rentner, die ihre freie Zeit (und davon sollte man bekanntlich viel haben, wenn man sich im Altersruhestand befindet) damit verbringen, auf Reisen zu gehen. Ich kenne durchaus Menschen über fünfundsechzig, die sich nach Südafrika begeben, um endlich, endlich vor Ort Afrikaans zu erlernen, oder die nach Südfrankreich reisen, um die verschiedensten Weinsorten zu verkosten, oder sich in Tokio einmal in ihrem Leben den Kick geben, ein Kugelfischmahl zu überleben. Ayurveda-Kurse in Mumbai, Saunagänge in Stockholm, Delfinstreicheln in Florida, Relaxen auf Mallorca und Wellness in Prag.

So sähe für mich ein genussvolles Rentnerdasein aus, wenn denn die Kohle stimmt.

Bei Muddi stimmt die Kohle.

Auch bei Margot, ihrer Freundin, die sie regelmäßig sonntags mit ihrem VW Golf abholt. Denn Margot, die erst mit Mitte sechzig den Führerschein gemacht hat, fährt seitdem – und sie ist inzwischen immerhin 87 Jahre alt! – unfallfrei, das allein verdient meines Erachtens schon Respekt! Okay, mal abgesehen von dem Überfahren ein oder zwei roter Ampeln im Jahr und einer regelmäßigen Stauverursachung aufgrund Tempo vierzig auf den hiesigen Landstraßen.

Aber ganz ehrlich: Ich würde mich halb tot freuen, wenn die beiden sich eines Tages für eine gemeinsame Reise verabschiedeten. »Laura, kannst du meine und Margots fünfunddreißig Alpenveilchen in den nächsten drei Monaten gießen? Wir fliegen morgen nach Sidney!«

Aber nein. Muddi und Margot verbringen ihre gemeinsame Zeit lieber bei Jägerschnitzel oder Grünkohl und bei einem Alster oder einem Glas Spezi in den norddeutschen Ausflugslokalen in der Umgebung. Dort kennen sie die Ober und Kellnerinnen beim Namen, wissen genau, wo sich das kleine gestopfte Loch an der Tischdeckenkante befindet und dass die Efeuranken an den Holzbalken nicht echt sind, sondern nur so aussehen.

Schon seit Jahren fahren Muddi und Margot sonntags gemeinsam raus zum Mittagessen. Das Highlight dieser Wochenendausflüge ist aber jedes Mal der Besuch ihres Lieblingseiscafés in Buxtehude am Nachmittag.

Muddi bestellt immer frisch gebackene Waffeln mit einer Kugel Vanilleeis, Schlagsahne und Himbeeren. Margot drei Kugeln gemischtes Eis, wobei ihre Auswahl der Sorten durchaus von Sonntag zu Sonntag variiert.

Die beiden sitzen dann immer an *ihrem* Tisch am Fenster mit Blick auf die parkenden Autos und ankommenden Gäste; sie sind eben bekannt, beliebt und gern gesehen, sodass die Reservierung keine Frage mehr ist.

Ja, das Eislokal ist für die beiden zu einer zweiten Heimat geworden, ein traditionelles Muss, Kontinuität im Leben von Muddi und Margot.

An diesem Sonntagabend klingelt pünktlich zum Beginn des *Tatorts* unser Telefon. Pech gehabt! Wer auch immer es sein mag, er wird ein anderes Mal wieder anrufen müssen, denn heute ermittelt mein Lieblingsteam aus Münster. Laszlo und ich haben es uns bereits mit einem Rotwein auf der Couch gemütlich gemacht. Ich stehe nur ganz kurz auf, um zu sehen, ob ich die Nummer kenne. Pech gehabt! Auf dem Display steht Muddis Nummer – sie weiß, dass ich beim Tatort nur sehr, sehr ungern gestört werde. Ich schlussfolgere, dass etwas Schlimmes passiert sein muss und sie sofort meine Hilfe braucht. Ich gebe Laszlo ein Zeichen und verschwinde mit dem Telefon in der Küche.

»Hallo, Muddi, was ist los?«, frage ich besorgt.

»Ach Laura ...«, beginnt sie und stockt dann für einen Moment.

»Muddi, los, raus damit, was ist?«

»Ach, Laura, du weißt doch, dass Margot und ich heute verabredet waren.«

»Ja, wie jeden Sonntag. Und?«

»Ja, wir waren zuerst essen und dann im Eiscafé.«

»Und?«, wiederhole ich meine Frage.

»Margot hat drei große Kugeln gemischtes Eis bestellt, obwohl wir doch vorher schon essen waren. Beim Chinesen, aber davon muss ich dir erzählen, wenn du herkommst ... Also wirklich, ich war eigentlich pappsatt ...«

»Muddi, du rufst jetzt nicht an, um mir zu erzählen, dass du wie jeden Sonntag auf vollen Magen Waffeln mit Eis, Sahne und Himbeeren gegessen hast. DER *TATORT* LÄUFT!«

»Na, ich konnte doch nicht, ohne etwas zu bestellen, da herumsitzen, Laura!«

»MUDDI! Weshalb rufst du an?«

»Du weißt ja, dass die Seniorchefin des Cafés in eine Seniorenresidenz gezogen ist ...«

»Ja!«

»Aber die Schwiegertochter macht das wirklich auch ganz nett.«

»Jaaaa?«

»Und die Serviererinnen kennen wir ja auch schon ewig.«

Ich sage lieber nichts. Wenn ich jetzt etwas sagen würde, wäre es sicher etwas Beleidigendes.

»Die Blonde war heute nicht da, aber die Schwarze.«

Sie meint die schwarzhaarige Kellnerin.

»Die hat auch sofort gerufen ›Das ist aber schön, dass Sie wieder da sind!‹, als wir reinkamen.«

In meinen Schläfen pulsiert Wut.

»Margot hat mir dann erzählt, dass sie Herrn Meyer aus Buxtehude getroffen hat. Weißt du noch, der Herr Meyer mit dem großen schwarzen Schnauzer?«

»Nein. Weiß ich nicht«, knurre ich. Ich KANN mir beim besten Willen nicht all die Meyers oder Schmidts mit diversen Schnauzern, Rehpinschern oder Möpsen merken, die Muddi kennt!

»Na, der Herr Meyer, der immer diese Sherlock-Holmes-Knickerbockerhosen anhat!«

Ah! Okay, ich erinnere mich, möchte aber nicht wirklich an den Anblick erinnert werden.

»Warum erzählst du mir das jetzt? Am Sonntagabend. Meinem heiligen Tatort-Abend?« Gleich fang ich an zu weinen.

»Ja, wir waren noch nach dem Waffel- und Eisessen so ins Gespräch vertieft, dass wir uns einfach angezogen haben und gehen wollten! Stell dir das mal vor.«

Ich sehe die beiden alten Damen also vor mir, mit vollen Bäuchen, wie sie ihre Jacken anziehen. »Und was daran ist schlimm?« Ich weiß es beim besten Willen nicht. Mich interessiert es aber auch im Grunde nicht mehr, jegliche kriminalistische Kombinationsgabe ist mir während des Telefonats abhanden gekommen. Bis eben war da wenigstens noch diese alles überdeckende Wut in mir, jetzt ist da nur noch absolute Resignation und die Befürchtung, dass ich erst zum Ende meines *Tatorts* wieder auf dem Sofa liegen werden.

»Laura, deine Muddi hat auf ihre alten Tage die Zeche geprellt! Also fast! Wir wollten ohne zu zahlen gehen, Laura! Wie peinlich! Ich wäre fast im Boden versunken, Da können wir uns doch nie, nie wieder blicken lassen.«

»Oooh…!«, rufe ich jetzt doch überrascht.

»Du glaubst ja nicht, was los war, als uns die Chefin zurück ins Café rief! Wir waren ja schon fast draußen. Und alle Nachbartische – darunter an dem einen Tisch das Ehepaar aus dem Alten Land, das auch jeden Sonntag kommt – die haben sich alle kaputtgelacht! Und Frau Niebüll aus Buxtehude … weißt du? Die, die immer mit uns zusammen das Heizöl bestellt hat früher – die rief: ›Frau Windmann, das hätt ich nicht von Ihnen gedacht!‹ Und dann hat sie gebrüllt vor Lachen! Das war die reine Schadenfreude, ich sag es dir. Das nächste Mal zahle ich gleich beim Bestellen!«

Jetzt muss ich fast auch lachen, verkneife es mir aber tunlichst. Muddi würde auflegen und eine Woche lang nicht mehr mit mir sprechen.

»Wir haben dann natürlich sofort unsere Rechnung beglichen. Aber was glaubst du, wer draußen neben Margots Auto geparkt hatte?«

»Ich weiß nicht. Frau Niebüll?«, rate ich.

»Lauuuraa! Doch nicht Frau Niebüll! Die Polizei!«

»Oh, und dann?«

»Margot ist zu der jungen Polizistin gegangen, die gerade ausstieg, und hat ihr die Geschichte erzählt und sie gefragt, ob schon jemand so schnell die Ordnungshüter gerufen habe!«

Jetzt halte ich mir schnell die Hand vor den Mund, um nicht doch laut loszuprusten.

»Die Polizistin meinte daraufhin, nein, davon wisse sie nichts. Aber sie könne sich gern mal unsere Namen notieren. Man wisse ja nie, wie lang die Liste der bisherigen Straftaten sei ... Margot hat noch bis eben am Kaffeetisch bei mir gegrübelt, ob die die letzte rote Ampel gemeint haben könnte oder den Eierlikör, den sie schon mal trinkt, obwohl sie danach noch Auto fährt ... Jedenfalls ist sie gerade erst nach Hause gefahren. Und ich musste noch mal mit jemandem sprechen. Sonst tu ich heute Nacht kein Auge zu. Wie war dein Sonntag, mein Kind?«

»Also das erzähle ich dir am Mittwoch, wenn ich komme. Jetzt möchte ich doch noch gern den Tatort schauen. Und du genehmigst dir am besten einen großen Eierlikör auf den Schrecken. Du kannst es dir ja erlauben, du fährst ja kein Auto.«

»Mach ich, Laura. Dann bis Mittwoch. Und grüße Philipp und Laszlo.«

»Mach ich. Und denk daran, ich besuche am Mittwoch erst noch Anita und bin dann gegen Abend bei dir. Hörst du Muddi?«

»Klack!« macht es.

Endlich, ich spurte ins Wohnzimmer und sehe doch tatsächlich noch die erste Leiche.

5.

»Immer bleibt die Tischreservierung an mir hängen!«

»Da bist du endlich! Seit neun Uhr steht der Käse schon auf dem Tisch, der zerläuft schon, Laura!« Mit diesen Worten begrüßt mich Muddi am Mittwochnachmittag. Ob sie vergessen hat, dass ich noch erst Anita besucht habe? Aber sie kann doch nicht wirklich denken, dass ich jetzt schon mittwochmorgens zum Frühstück zu ihr komme, um dann am Donnerstag mit ihr einkaufen zu gehen. Okay, ich habe selbst vorgeschlagen, von Mittwoch auf Donnerstag bei ihr zu übernachten, auch um ihr im Haushalt ein wenig zur Hand zu gehen, aber sie denkt wohl, ich ziehe hier bald wieder ganz ein. Hmmm… Irgendwie scheint sie meine zweite Ehe nicht wirklich ernst zu nehmen. Dabei bin ich schon vier Jahre mit Laszlo verheiratet. »Muddi, ich …«, beginne ich meine durchgreifende Rede, werde aber mit einem Totschlagargument unterbrochen.

»Komm, Laura, zieh die Jacke aus und setz dich erst mal, ich habe gerade frischen Bohnenkaffee aufgeschüttet.«

Gerade als sie auch sich von der pechschwarzen Brühe eingeschenkt hat, klingelt das Telefon. Meine Mutter sieht auf das Display und sagt: »Da steht privat. Das ist

Margot. Das weiß ich schon. Wie kommt das nur, dass dann da privat steht?«, murmelt sie und hebt ab.

Dass das so ist, weil Margot keinen ISDN-Anschluss hat und Muddis Telefon deshalb keine Nummer erkennen kann, habe ich ihr bestimmt schon zehnmal erklärt.

»Ja? Windmann?«, meldet sie sich. Dann lauscht sie eine Weile mit angestrengter Miene. »Ja, mach ich, Margot. Ist in Ordnung, ich melde mich dann gleich wieder.«

Muddi legt auf und schimpft los. »Immer bleibt die Tischreservierung an mir hängen! Kann die nicht mal selbst dort anrufen ...«

Muddi und Margot wählen in der Regel eine von diesen vier Gaststätten aus: Jäger's Rast, Hotel-Restaurant Zur Linde, die Mühlenschänke oder das Twielenflether Fährhaus, das einen sensationellen Ausblick direkt auf die Elbe bietet.

Aber Jäger's Rast existiert seit einigen Wochen nicht mehr. Der Seniorchef hat das Geschäft aufgegeben, der Juniorchef ist nach Malle ausgewandert.

»Margot will am Sonntag ins Fährhaus. Ich soll da anrufen und einen Tisch reservieren«, sagt Muddi noch immer verärgert.

»Na, dann ruf doch mal schnell an, dann hast du's hinter dir«, sage ich und ahne nicht, in welches Wespennest ich mit meinem Vorschlag steche.

»Sie möchte aber nur entweder an Tisch vier oder fünf sitzen. Herrje, und ich muss dafür sorgen, dass ihre Sonderwünsche berücksichtigt werden. Immer macht sie das mit mir. Sie will etwas, und ich soll dafür sorgen, dass sie es bekommt. Kann sie nicht mal selbst da anrufen, ist mir peinlich, immer diese Extrawürste. Immer muss ich mich kümmern ...«

Um diese Endlosschleife zu unterbrechen, hole ich schnell die Liste der Restaurants, die Muddi in der Stube bereitliegen hat, sowie ihre Lesebrille.

Immer noch schimpfend reißt sie mir beides aus den Händen.

Dann wählt sie endlich die Nummer des Fährhauses, legt aber nach Drücken der letzten Ziffer wieder auf. Sie droht mit dem Telefonhörer in der Luft und sagt erbost: »Warum ruft Margot da nicht selbst an, wenn es ihr so wichtig ist?«

»Vielleicht denkt Margot, dass du das besser kannst als sie?«, versuche ich zwischen ihr und der abwesenden Margot zu vermitteln.

»Hmmm«, grummelt Muddi und wählt noch einmal die Fährhaus-Nummer.

Ich will gerade in meinen Käsetoast beißen, da legt sie abermals auf, bevor sich jemand melden kann.

Sie lässt den Hörer wieder drohend in der Luft wippen und sagt diesmal: »Nee, ich glaube, sie freut sich darauf, dass ich was falsch mache bei der Bestellung, und dann kann sie auftrumpfen und mir vorwerfen: ›Das hätte *ich* ganz anders gemacht!‹ Das Biest!«

»Muddi!«, rufe ich. »So ein Blödsinn! Nun mach, ruf an!« Leicht genervt ob der Tatsache, dass die Tischreservierung ohne bisherigen Erfolg bereits zehn Minuten in Anspruch genommen hat, beiße ich von dem inzwischen kalt und hart gewordenen Toast ab.

Muddi wählt erneut die Nummer, atmet am Ende hörbar Luft aus und sieht mich an.

»DU LEGST JETZT NICHT WIEDER AUF!«, befehle ich mit vollem Mund und verschlucke mich dabei fast.

»Ja, guten Tag, Windmann«, sagt Muddi superfreundlich in den Hörer. »Ja, genau, wir kennen uns. Ja, haha, genau, die beiden älteren Damen. Wie schön, dass wir uns so gut kennen. Sagen Sie: Wir würden am Sonntag gerne wieder bei Ihnen speisen … Ja? Das ist ja wunderbar. Äh, meine Freundin hätte nur eine Bitte, könnten wir entweder Tisch vier oder fünf bekommen? …. Wie? Ach so. Nun gut. Ich werde das meiner Freundin sagen. Ja, kein Problem. Ja, ich freue mich auch. Vielen Dank. Ja, schön, dass wir uns so gut kennen, wir speisen ja nun auch schon seit Jaaahren bei Ihnen. Ja, danke, auf Wiedersehen!«

Muddi legt auf, atmet hörbar Luft ein und sieht mich an. Ich frage: »Und?«

Sie stöhnt. »Die wissen noch nicht, ob einer der Tische frei ist. Am Wochenende ist wohl viel los, weil auf der Elbe eine Segelregatta stattfindet. Gott, hätte ich das vorher gewusst, hätte ich woanders angerufen! So was Blödes. Gott, das wird Margot nicht gefallen. Und siiiehst du: Jetzt hab ich das alles am Hals! Nur weil sie nirgends anruft! Ich will gar nicht wissen, was Margot dazu sagt.«

Meine Ohren klingeln bereits, und mein Blutdruck muss in den letzten Sekunden sprunghaft angestiegen sein. Trotzdem ermahne ich mich, ruhig zu bleiben.

Erneut greift Muddi zum Telefonhörer.

»Ja, ich bin's. Margot? Du, stell dir vor, der konnte noch nicht sagen, ob einer der beiden Tische frei ist! Ja, nee, genau, unzuverlässig, find ich auch. Ja, ist in Ordnung. Nein, kein Problem. Ja, ich ruf dich gleich wieder zurück.«

Muddi legt auf.

Aus den Augen meiner Mutter spricht pure Verärgerung. Sie ähnelt in diesem Moment Queen Elizabeth I., als deren Schwester ihr wieder einmal den Katholizismus aufdrängen wollte, oder Mike Tyson, kurz bevor er Evander Holyfield ein Stück von dessen Ohr abbiss, oder …

»Am liebsten würde ich ihr die Freundschaft kündigen, Laura! Jetzt sagt sie, sie will nicht ins Fährhaus, wenn wir nicht einen der beiden Tische bekommen. Ich soll da absagen und woanders bestellen!«

Muddi sinkt in ihren Sessel zurück und starrt apathisch auf den Telefonhörer.

»Muddi?«

»Jaaa…?«

»Nun ruf doch einfach an und bestell ab!«

»Ja, verdammt.«

Und Muddi wählt erneut. »Guten Tag, Windmann noch mal, wir hatten ja eben miteinander gesprochen. Also, meine Freundin möchte nun doch nicht zu Ihnen kommen, wenn sie weder Tisch vier noch Tisch fünf für uns reservieren können. Ach so. Ja dann. Ja, tut mir auch leid. Ja, sonst gerne wieder. Vielen Dank. Ja, schön, dass wir uns schon so lange kennen! Auf Wiederhören.«

Nach dem Gespräch knallt sie den Hörer wortlos auf die Tischplatte.

»Was?«, frage ich gespielt emotionslos.

»Also, der Kerl hat mich vorhin angelogen, hat so getan, als könne er es nicht genau sagen, ob wir einen der Tische bekommen können, aber dass er es versuchen wolle, einen für uns zu reservieren. Und jetzt sagt er, dass beide Tische schon reserviert sind! Der hat mich eben angelogen, obwohl wir schon sooo lange Kunden bei denen sind! Die Welt ist schlecht, Laura …«

»Ja, Muddi.«

»Und jetzt hab ich keine Lust mehr, woanders einen Tisch zu bestellen.«

»Ich weiß.«

»Aber ich muss ja.«

»Ja, du musst.«

»Manchmal würde ich mich gern anzünden ... und ...«

»... und dein Haus auch. Ich weiß, Muddi.«

Muddi bestellt zwei Minuten später einen Tisch in der Mühlenschänke. Da ist noch Tisch drei frei. Fensterplatz. Leider zwar in der Nähe der Toilettenräume. Doch pünktlich um 12.30 Uhr können die Damen erscheinen. Frau Meyer freut sich auf die beiden älteren Ladys. Man kennt sich ja schon seit Jaaahren.

Puhhhh, ich atme auf, das Restaurant-Thema ist also erledigt. Dachte ich.

»Ich wollte dir doch noch erzählen, wo wir letzten Sonntag essen waren ...«

»Stimmt, vor eurem Eiscafébesuch.«

»Bitte erwähne das jetzt bloß nicht, da will ich gar nicht mehr dran denken.«

»Okay, dann erzähl mal!«

»Wusstest du, dass in Jäger's Rast jetzt ein Chinese kocht?« Sie sieht mich gespannt an.

In meinem Kopf tut sich ein Bild von einem kleinen Chinesen vor einer großen Jägerschnitzelpfanne auf.

»Stell dir vor, über der alten Eichentür dieses altehrwürdigen Landgasthofes prangt jetzt der Schriftzug *China Garden*. In roten Leuchtbuchstaben. Und links und rechts neben der Tür begrüßen einen zwei goldene Drachen.«

Allein der Tatbestand dieser »feindlichen Übernahme« durch ausländische Gastronomie war für Muddi und Margot sicher ein Skandal. Aber ihre Neugierde hatte die Vorurteile anscheinend besiegt.

»Und hat's euch geschmeckt?«, wage ich zu fragen.

»Gut hat es geschmeckt. Vor allem die gebackene Banane. Das hab ich der jungen Frau auch gesagt, die die Getränke brachte. Und das Entenfleisch war zart wie Butter, die Haut knusprig. Viel knuspriger als früher bei Jäger's Rast.«

»Und da wolltet ihr aber den kommenden Sonntag nicht noch mal hin?«

Muddi streicht sich über ihren Dutt.

»Nee, Laura, da gehen wir nicht noch einmal hin. Ist nichts für uns. Die haben sonntags Buffet. Und Margot und ich möchten am Tisch bestellen. Wir möchten BEDIENT WERDEN! Und Seniorenteller kennen die auch nicht. Im Grunde weiß man auch gar nicht, was man da wirklich isst. Nee, die sehen uns bestimmt nicht wieder.«

Ich überlege kurz, dann fällt mir ein: »Aber bei Jäger's Rast habt ihr euch doch auch am Salatbuffet angestellt, wenn ich mich recht erinnere. Und das fandet ihr stets grandios ...«

Meine Mutter schlägt sich mit der flachen Hand an den Kopf und sieht mich mit hochgezogenen Augenbrauen an.

»Das war Salaaat, Laura, Salaaat! Den konnte man nehmen oder es auch einfach sein lassen! Das Hauptgericht habe ich gebracht bekommen, vom Ober. Da muss man nicht ständig selbst laufen ... Und genau so möchten Margot und ich es auch zukünftig haben. Punkt.«

Ich schenke Muddi wie als Übersprungshandlung Kaffee nach, als sie laut »Genug!« ruft. Vor Schreck gieße ich ein paar Kaffeetropfen neben die Tasse, die Muddi mit ihrer Serviette sofort auftupft.

»Außerdem kann Margot momentan kaum laufen, jeder Schritt ist angeblich eine Qual für sie. Trotz ihrer

Knieoperation vor fünf Jahren. Nicht, dass ich die dann noch bedienen muss!«, sagte sie jetzt, und der nächste Ärger kündigt sich in ihrer Stimme an.

Schon stöhnt Muddi auch theatralisch auf.

»Stell dir vor: Margot hat sich schon wieder zu einer Operation angemeldet. Und anstatt vor Angst davor umzukommen, teilt sie mir lediglich mit, dass sie nächsten Monat für zwei Sonntage ausfallen wird. ›Ich lasse mich an beiden Knien operieren, Lisbeth. Termin steht fest, komme, was da wolle!‹, hat sie zu mir gesagt.« Muddi neigt ihren Kopf zur Seite. »ICH hab auch Knieschmerzen und humple wie eine alte Oma die Treppenstufen rauf und runter. Aber ich renne nicht gleich zum Arzt. Margot kann es anscheinend gar nicht abwarten, dass jemand an ihr herumschnippelt! Und ICH sitze dann an den Wochenenden allein zu Hause rum!«

»Aber ich finde das unglaublich tapfer von Margot!«, wage ich zu entgegnen und meine Mutter eventuell zu solch einem Eingriff oder zumindest zu einem erstmaligen Arztbesuch nach mehrjährig vollzogener Wartezimmerabstinenz zu motivieren. »Sie hat Schmerzen und möchte die einfach loswerden, Muddi! Das muss man doch verstehen. Sie möchte mobil bleiben, und sie lamentiert nicht monatelang herum, sondern ändert was. Das ist doch toll!«

»Hmmm... So, jetzt iss mal auf, Laura, oben muss heute noch gesaugt werden. Wir können ja nicht den ganzen Nachmittag quatschen.«

Hmmm... alles klar, Muddi.

6.

»AUUUAAA!!«

Vor wenigen Wochen eröffnete Philipp mir und Laszlo, dass er von zu Hause ausziehen möchte. Da er nach den Sommerferien auf eine weiterführende Schule in Buxtehude wechselt und zufällig in einer WG nahe der Schule, in der zwei nette neue Mitschüler wohnen, ein Zimmer frei wird, kam er gar nicht auf die Idee, dass wir etwas dagegen haben könnten. Und tatsächlich hatte Laszlo auch nichts dagegen. Und Philipps Vater, mein erster Mann, schloss sich ebenfalls der Männersicht an. Aber das Argument »Ist doch viel praktischer« erreichte mein Mutterherz nicht. Und auch, dass er dann schon neunzehn ist und nächstes Jahr Abitur macht und danach doch sicher sowieso ausziehen würde, zählte für mich nicht. Mein einziger Sohn, mein kleiner Junge, wollte fort von mir? Bekam er dann denn noch genug zu essen? Ging er nicht zu spät ins Bett? Würde er sich nicht einsam ohne uns fühlen? Ich musste ein paar Mal schlucken und konnte gar nichts dazu sagen, zumindest nicht in einem ruhigen Ton und in normaler Lautstärke. Mir war zuerst zum Heulen zumute, dann hätte ich Philipp am liebsten in sein Zimmer eingesperrt, bis er wieder zur Besinnung kam.

»Cool, dass ihr so locker reagiert«, sagte Philipp, interpretierte mein Schweigen als Zustimmung und strahlte vor Freude.

Als ich ein schiefes Lächeln aufsetzte, kam mir jedoch eine Idee, ach was, *die* rettende Idee, die einzige Chance, diesen absurden Plan aus Philipps Kopf zu löschen.

»Und wie willst du das Oma beibringen?«, fragte ich und konnte nicht verhindern, dass sich meine Stimme dabei fast überschlug.

Philipp sah mich erschrocken an. »Kannst du das nicht …!«

»Nein, Philipp! Das musst du schon selbst machen.« Ha, das hatte gewirkt. Und eins, zwei, drei, gleich würde er sein Anliegen zurückziehen und mich fragen, ob das Essen schon fertig sei.

»Na, dann fahr ich morgen mit Oma besuchen, du fährst doch hin, ja?«, sagte er stattdessen.

»Ja, ja … gut, wie du willst.«

Auf der Fahrt zu Muddi am nächsten Tag legt Philipp eine neue CD mit koreanischer Elektromusik ein. Prima, da kann ich mich noch mal in Ruhe auf das bevorstehende Gespräch einstimmen, bei dem ich vor allem durch Schweigen glänzen will. Muddi wird schon die richtigen Gegenargumente auspacken.

Und ich höre sie in meinen Gedanken sagen: *»Nein, Philipp, du kannst doch gar nicht ausziehen. Du bist noch gar nicht volljährig, also wirklich volljährig ist man doch erst mit einundzwanzig. Wie wir früher. Und außerdem kannst du als Mann doch gar nicht für dich sorgen, du wirst verhungern und elendig verkommen.«*

Während ich in Muddis Rede vertieft bin, verpasse ich

im Kreisverkehr die Abfahrt und muss noch eine Runde fahren.

Philipp schaut mich skeptisch von der Seite an.

»Gute Musik«, sage ich.

»Du willst doch nicht wirklich selbst das Klo putzen und deine Socken waschen?«, höre ich Muddi in meinem Ohr und muss grinsen.

»Dafür ist doch deine Mu-hu-tter zuständig!« Das Wort MUTTER wird sie mit zitternder Stimme in die Länge ziehen, um der ganzen Sache Nachdruck zu verleihen.

Und ich werde auf gar keinen Fall erwähnen, dass Philipp a) bereits heimlich einen Haushaltskursus an der Volkshochschule besucht und mit der Note 1 bestanden hatte, b) er eigentlich nur auszieht, weil ihm MEINE Haushaltskünste einfach nicht ausreichen und es ihm wahnsinnig auf die Nerven geht, dass ich mit der Bügelwäsche nicht mehr hinterher komme, c) er eigentlich nur auszieht, weil er genau weiß, dass es nun an der Zeit ist, dass seine Oma ihre kreative und innenarchitektonisch ausgereifte Gabe endlich wieder ausleben kann, nachdem ihre Tochter eigensinnigerweise ihr Haus und das ihres Gatten ohne Hilfe der Mutter, also völlig eigenständig eingerichtet hatte …

Kaum betreten Philipp und ich etwas später Muddis Haus, ruft sie uns schon entgegen: »Oh, Philipp! Du besuchst mich auch? Na, das ist ja schön! Dann können wir doch mal wieder zum Burger KING!«

Meine Mutter liebt es, mit ihrem Enkel diese Fast-Food-Kette zu besuchen, seitdem mein Sohn drei Jahre alt war. Und immer schon betont sie das »King« von Burger

King. Und ich finde die Art, wie sie es ausspricht, niedlich und habe sie noch nie verbessert.

Gern erzählt sie, wie ein Besuch bei Burger King damals, als er noch »klein und süß« war, vonstatten ging.

»Laura … ich weiß es noch wie heute: Philipp hat sich immer das Kindermenü bestellt. Und wenn wir dann wieder los wollten, musste er sich unbedingt noch einen Hamburger mit ins Auto nehmen, weil er das so gemüüütlich fand! Ach Gott, ist das lange her … Und Vati ist da auch so gern hingegangen. Ohne Philipp wären wir ja NIEMALS zu Burger KING gefahren!«

Burger KING! Jetzt stört mich die Art, wie sie es ausspricht, an diesem Tag, mit meinen beziehungsweise Philipps Plänen im Kopf, da stört es mich gewaltig.

»Ach, jetzt am Nachmittag zu BURGER King? Es heißt übrigens BURGER King!«, sage ich.

Muddi zieht eine Schnute.

»Doch, coole Idee, Oma! Los, machen wir!«, ruft Philipp.

Sofort beginnt Muddi in ihrer Handtasche nach ihrem Schlüssel zu kramen, findet ihn aber nicht in der Tasche, sondern auf der Kommode im Flur, flucht kurz über ihre Schusseligkeit und greift nach ihrer Jacke.

Damit sie nicht stolpert, nehme ich sie an die Hand und gemeinsam begeben wir uns zum Auto. Philipp hält Muddi die Beifahrertür auf, er selbst steigt hinten ein.

»Ach Laura, ich versteh das nicht! Wieso krieg ich den dämlichen Gurt nicht in das Dings? Guck du doch mal …!« Bei diesen Worten färbt sich mein Gesicht jedes Mal für einen kurzen Moment dunkelrot.

Ich kann den aufsteigenden Zorn nur ganz, ganz schwer unterdrücken. Ich glaube nämlich nicht, dass sie die Halterung für den Anschnallgurt nicht findet, sondern vermute dahinter eine gespielte Hilflosigkeit … bewusst oder unbewusst – ich weiß es nicht. Jedenfalls tut sie so, als wäre man in ihrem Alter absolut unfähig, sich anzuschnallen, und vermittelt einem das Gefühl, diese Sicherheitsmaßnahme sei eigentlich eine Zumutung! *Du, Laura, mutest deiner alten Mutter zu, sich bei jeder Autofahrt anzuschnallen. Was bist du nur für eine herzlose Tochter?!*

Ich kann mir einen bösen Kommentar gerade noch verkneifen und schnalle Muddi an. Klack, der Gurt ist fest.

»Kannst du auch gut sitzen, Philipp? Soll ich den Sitz nach vorne ziehen?«, fragt Muddi meinen Sohn, als ich den Motor starte. Dabei wendet sie sich umständlich nach hinten um.

»Nein, alles ist gut!«, antwortet Philipp.

»Wirklich? Deine Beine sind doch so lang! Soll ich nicht doch ein wenig nach vorne rücken? Laura kann ja noch mal anhalten.«

Während Philipp antwortet: »Nein, ich habe Platz zur Genüge!«, gebe ich Gas.

»Ich kann wirklich noch ein Stück nach vorne … hier ist noch so viel Platz!«

»Nein, ehrlich nicht! Ich habe Platz genug!«

Muddi stöhnt (sie vermutet, dass mein Sohn ihr Angebot nur anstandshalber oder aus Bequemlichkeit ablehnt) und dreht sich nun endlich in Fahrtrichtung.

Als ich nach einer Weile ansetze, um das Gespräch schon mal auf Philipps absurde Auszieh-Pläne zu lenken, setzt ein Sportwagenfahrer hinter mir zu einem Überholmanöver an, weil ich ihm mit meinen 50 Stundenkilometern anscheinend zu langsam fahre. Dabei herrscht auf der einspurigen Bremervörder Straße zu dieser Zeit recht viel Verkehr. In dem Moment, in dem der Sportwagen mit meinem Wagen auf einer Höhe ist, sehe ich auch schon den Gegenverkehr heranrauschen. *Hoffentlich sieht der Typ das auch,* denke ich. Ja, tut er, gibt ordentlich Gas und schert vor mir wieder ein. Kein Grund zur Panik.

Und das Ärgern über andere Verkehrsteilnehmer habe ich mir sowieso abgewöhnt. Schließlich habe ich schon ein gewisses Alter erreicht, und dieses gewisse Alter schützt ja bekanntlich vor selbst produziertem Stress … Je älter man wird, nimmt man doch alles sehr viel gelassener und wird insgesamt ausgeglichener.

»Verdammter Vollidiot!«, brüllt Muddi neben mir und schlägt mit beiden Fäusten auf die Armatur!

Muddi ist fast achtzig Jahre alt. Ihr Blutdruck ist jetzt auf mindestens zweihundert angestiegen. Nein, MUDDI wurde mit steigendem Alter definitiv NICHT gelassener und schon gar nicht insgesamt ausgeglichener!

»Laura!! Also … also … am liebsten würd ich dem jetzt in die Reifen schießen, weißt du das?«

»Ja, Muddi, ich weiß«, sage ich. Und dann hat sie es auch schon wieder geschafft, mich von dem, was ich eigentlich wollte, abzubringen und meinen Kopf mit völlig abstrusem Zeug zu fluten. Ich sehe sie jetzt nämlich vor meinem geistigen Auge. Ich sehe meine Mutter mit tiefschwarzer Sonnenbrille auf der Nase, Lederhandschuhe an den Händen und wehendem rotblondgrauen Haar in einem offenen schwarzen Sportwagen. Sie verfolgt gerade ein letztes Überbleibsel des KGB, Molotow-Igor, der versucht, ihr in seinem klapprigen Lada zu entkommen. Die Serpentinen nimmt Muddi mit Schwung, kurz darauf hängt sie knapp zehn Meter hinter Igors kommunistischem Gefährt. »Ich werde den Kerl jetzt zum Halten bringen!«, brüllt sie in ihr Funkgerät, um Miss Moneypenny den aktuellen Verfolgungsstatus mitzuteilen. Miss Moneypenny funkt zurück: »0080, Q hat Ihnen die allerneuesten ausfahrbaren, 100-schüssigen MPs eingebaut. Drücken Sie die beiden roten Knöpfe unter dem CD-Player!«

Jetzt erkenne ich, wie sich Muddis Mundwinkel nach oben bewegen, während sie laut *Time to say Goodbye*, gesungen von Andrea Bocelli, aufdreht ... Genussvoll drückt sie auf die beiden roten Knöpfe ...

Nein, ich übertreibe bei Weitem nicht. Meiner Mutter wäre dies Szenario zuzutrauen, glauben Sie es mir!

»Laura, sag mal, willst du Margot Konkurrenz im Langsamfahren machen.«

Ähhh... Stimmt, Tempo 50 sollte ich schon halten, denke ich, sage aber: »Wieso, wir haben doch Zeit. Und sind ja auch schon fast da.«

Tatsächlich sitzen wir zehn Minuten später in der Burger-King-Filiale unseres Vertrauens.

Und ich bin zuversichtlich, dass sich gleich am Tisch auch ein Gespräch über Philipps WG-Pläne anbahnen lässt. Wäre ja wirklich auch zu schön gewesen, wenn wir das Thema gleich im Auto hätten ad acta legen können.

Doch erst einmal schiebe ich mir genüsslich meinen Burger quer in den Mund. Genau in diesem Moment zischt etwas laut hinter uns. Muddi neben mir lässt vor Schreck ihren Burger fallen.

»Die Kaffeemaschine«, erklärt Philipp kauend, der den Platz mit Blick auf die Verkaufstheke und den Küchenbereich dahinter hat.

Muddi sammelt ihren Burger wieder auf und beißt nun ebenfalls ab.

»Du, Muddiiii, Philipp ...«, beginne ich jetzt den wichtigsten Satz des Tages. Doch der Rest meiner Rede wird von einem lauten »PIIEEEEP...« verschluckt.

»Mikrowelle«, erklärt Philipp, als der Signalton verklungen ist.

Muddi dreht sich um und schickt einen bösen Blick in Richtung Küchenbereich.

Philipp nickt mir kurz zu, so als wolle er mir sagen, iss du nur in Ruhe, ich klär das mit der WG schon irgendwie.

Und als meine Mutter sich wieder ihrem Burger-Menü zugewandt hat, sagt er: »Du, Omi, wenn ich nun demnächst die Schule in Buxtehude besuche, könnte ich dort auch ein WG-Zimmer bekommen.«

»PIIEEEEP...«

Muddi lässt die Pommes in ihrer Hand ins Ketchup fallen, steht erbost auf und wendet sich demonstrativ Richtung Küche.

»Der Brötchenwärmer ...«, erklärt Philipp mir, denn Muddi interessiert nicht, was genau da piept.

»Unmöglich!«, schimpft sie laut, während sie sich wieder hinsetzt.

Und sofort sind die Blicke aller Leute an den Nachbartischen demonstrativ auf uns gerichtet, woraufhin ich mich automatisch kleiner mache und den Kopf tief über mein Tablett mit dem angebissenen Burger und dem Rest lauwarmer Pommes beuge.

Philipp sagt: »Wenn ich in Buxtehude wohne, spare ich Zeit und Fahrtkosten.«

»PIIEEEEP...«

Danach ein verächtliches Schnaufen von Muddi.

»Und um mir das Zimmer leisten zu können, werde ich einen Schülerjob annehmen!«, versucht Philipp erneut sein Glück.

Es zischt im Hintergrund laut.

Muddi steht wieder auf und hustet laut Richtung Küche. Erst denke ich, das ist eben ihre Art, wie sie ihrem Unmut Ausdruck verleiht, aber dann merke ich, dass sie sich verschluckt hat, und klopfe ihr schnell auf den Rücken, doch da fuchtelt sie bloß noch zusätzlich mit den Armen in der Luft herum. Will sie mich schlagen?

»Geht … husthust … geht schon!«, ruft sie.

»Was sagst du denn nun dazu, Omi?«, fragt Philipp, als sie wieder ihren Platz eingenommen und der Hustenanfall sich beruhigt hat.

»PIIEEEEP – PIIEEEEP – PIIEEEEP« macht es.

»AUUUUAAA!!«, brüllt Muddi jetzt laut.

Ich möchte am liebsten im Boden versinken, meinetwegen auch begleitet von einem Piepen, Zischen oder Krachen. Ich möchte nur noch fort von diesem Ort, fort von meiner unmöglichen Mutter.

Wissen Sie, wenn ein Kind an Ihrem Tisch so etwas brüllen würde, sähen Ihre Tischnachbarn zu Ihnen herüber. Sie würden Ihrem Kind so etwas Ähnliches sagen wie: »Kind, das tut man nicht. Sei bitte leise!« Und Ihr Kind würde beschämt zu Boden sehen und artig weiter essen.

Wenn aber an Ihrem Tisch Ihre MUTTER derart ausfällig wird und Ihre Tischnachbarn entsetzt zu Ihnen herüberblicken … was machen Sie dann?

Ich zische: »Muddi! Sag mal … lass das! Die Leute starren schon alle zu uns herüber!«

Muddi sieht weder beschämt zu Boden noch isst sie artig weiter. Sie schaut *mich* entrüstet an, drückt ihre Brust durch und sagt für alle im Umkreis von fünf Metern gut hörbar: »*Die* stört das Piepen auch! Aber *die* sind alle zu feige, etwas zu sagen! Ich spreche nun mal aus, was ich denke – und dabei bleibt es auch!«

Danach hebt sie, als hätte sie gerade einen feierlichen Toast ausgesprochen ihren 0,5-Liter-Becher Cola und nimmt einen großen Schluck.

Ich halte den Blick derweil starr auf eine Pommes mit schwarz verbrannter Spitze gerichtet und schweige.

Philipp ist ein wenig zur Seite gerückt und tut so, als würde er nicht zu uns gehören. Sicher denkt er: *Gut, wenn ich nach den Sommerferien mal etwas Abstand zu meiner Herkunft gewinne.*

»Wenn du in Buxtehude wohnst, dann kommst du mich besuchen, und wir können ja selbst mal Burger machen«, höre ich Muddi beim Rausgehen zu Philipp sagen. Und in diesem Augenblick kann ich zum ersten Mal ein ganz kleines bisschen loslassen. Denn ganz sicher werde ich Philipp nicht verlieren. Nur weil er in eine WG zieht … Es wird eben nur manches anders.

7.

»Der Baum ist eine Zeder, da könnt ihr Gift drauf nehmen!«

Was treibt Ihre Mutter in den Wahnsinn? Was müssen Sie tun, damit sie beleidigt in der Ecke ihres Sofas sitzt und nicht mehr mit Ihnen spricht?

Oh, ich kann mir denken, dass es einige Dinge gibt, die auch *Ihre* Mutter echauffiert!

Meine Mutter kann es auf den Tod nicht ausstehen, wenn sie mal nicht recht bekommt. In Grunde erwartet sie immer diese Bestätigung: »Ja, Muddi. Du hast ja recht, Muddi. Und selbst wenn ich recht habe, gebe ich trotzdem *dir* recht, denn das Recht ist auf deiner Seite, das Recht an sich ist für dich reserviert. Im Heute, im Morgen und in Ewigkeit, AMEN!«

Ich weiß, was Sie denken, und ja, Sie haben auf jeden Fall recht (aber nur unter uns Töchtern) – im Grunde wissen Sie wie ich, dass wir *nichts* dagegen tun können.

Und schlimmer noch: Manchmal reicht es bereits, um bei ihr Verwirrung und Unmut auszulösen, dass meine Mutter meint, einen leisen Anflug eigenständigen Denkens bei mir zu bemerken. *Ich bin die Mutter und du bist das Kind. Basta!*, scheint sie mir dann mit Blicken zu sagen.

Und dieses ewige Tochtersein hat sie längst auch ausgeweitet, Schwiegersöhne, also mein geschiedener Mann wie auch mein neuer Mann, werden gnadenlos in die Rolle des ewigen Sohnes gepresst. *Ich bin die Mutter, und ihr seid die Kinder. Basta!*

Neulich war Muddi von Freitag auf Samstag bei uns. Für den Abend hatte Laszlo einen Film bereitgelegt, der uns allen dreien gefallen würde. Wenn wir denn dazu kämen, ihn auch wirklich anzusehen.

Würden mein Mann und ich diesen Film allein sehen, wir legten die DVD ein und lehnten uns gemütlich zurück, würden hin und wieder an unserem Rotwein nippen und ein oder zwei Mokkabohnen oder drei Salznüsschen knabbern und ansonsten einfach den Film genießen. Und am Ende wüssten wir sogar, was wir da angeschaut haben. Wir hätten die Geschichte schließlich von Anfang bis Ende durchgehend verfolgt.

Jetzt aber sitzen wir mit Muddi auf dem Sofa, der Tisch ist mit diversen Schälchen und Töpfchen mit Naschkram gedeckt, die Rotweingläser sind gefüllt, und der Film beginnt.

Während des Vorspanns rückt meine Mutter vor auf die Sofakante und begutachtet ausschweifend Süßkram und Salziges. Ich befürchte lächerlicherweise für den Bruchteil einer Sekunde, dass nicht das Richtige für sie dabei sein könnte, doch dann greift sie auch schon zu. Und gibt zuerst MIR eine von den Knusperstangen, dann schiebt sie sich selbst eine in den Mund. Laszlo gibt sie mehrmals das Zeichen, dass er sich selbst bedienen soll. Sie lehnt sich erst wieder zurück, als er auch etwas knabbert.

Die Nahrungsaufnahme ist nun mal im Allgemeinen wie im Einzelnen ein sehr wichtiges Thema für Muddi. »Das Essen hält Leib und Seele zusammen. – Ein Mann ohne Bauch ist ein Krüppel. – Etwas Warmes braucht der Mensch«, das sind Standardsprüche von ihr. Wenn es nach ihr ginge, würde ich mindestens zweihundert Kilo wiegen, und sie würde immer noch annehmen, ich äße viel zu wenig. Deshalb werde ich bei meinen Besuchen bei ihr auch regelrecht »aufgepäppelt« – unter drei Stücken Kuchen lässt sie mich nicht vom Tisch.

»Ist die nicht gerade erst geschieden worden?«

Muddis Frage unterbricht meine Gedankenflut. Habe ich etwas verpasst? Die erste Filmszene am Strand war von Musik unterlegt, bisher hat man noch nichts über die hübsche Frau erfahren, außer dass sie wirklich sehr hübsch ist. Also kein Problem für ein bisschen Multitasking im Kopf …

Laszlo stoppt die DVD.

»Wer ist geschieden?«, fragt er. Anscheinend vermutet er, dass Muddi von irgendeiner realen Person spricht und noch nicht für den Filmanfang bereit ist, weil zuerst noch eine andere Geschichte aus ihr herauswill.

Muddi sieht ihn irritiert an. Dann blickt sie zu mir herüber, weil sie vermutlich annimmt, dass ein Mann keinen Sinn für solche Hintergrundgeschichten hat.

»Na, du weißt doch, dass sie« – sie deutet auf den Bildschirm mit Standbild von dieser wirklich sehr hübschen Frau am Strand – »mit ihren zwei Kindern aus ihrer Hollywood-Villa ausgezogen ist und die Scheidung eingereicht hat!?«

Ich antworte wahrheitsgemäß: »Nein.«

Muddi schweigt.

Laszlo lässt die DVD weiterlaufen.

Wir schauen zu, wie die Frau im Film in ihr Haus und in die Küche geht und den Kühlschrank öffnet, als plötzlich ein Handy klingelt.

Sie wirft die Kühlschranktür flugs wieder zu, um zu ihrem Handy zu eilen, das auf dem Tisch liegt. Ich bin gespannt, ob – wie von mir erwartet – ihr Liebhaber anruft.

Doch gerade, als die junge Frau ein »Hallo?« in das Handy haucht, schimpft meine Mutter laut: »Meine Güte, für wie blöde halten die einen eigentlich? Habt ihr das gesehen? Im Kühlschrank lagen mindestens SIEBEN FLASCHEN SEKT! Wer, um Himmels willen, lagert SIEBEN FLASCHEN SEKT im Kühlschrank? Was wollen die Filmemacher einem damit nur demonstrieren? Dass die jungen Dinger sich abends mit ihren Heititei-Freundinnen treffen und den Sekt literweise schlürfen? Naja, wahrscheinlich ist das auch so inzwischen. Dein Vater und ich, wir haben uns jeden Samstag EINE Flasche Rotwein geteilt. EINE! Aber ich kann mir schon vorstellen, wie das heute so abläuft…!«

Laszlo hat den Film erneut angehalten.

»Überhaupt, die Jugend von heute betreibt ja auch dieses Koma-Saufen, wisst ihr? Unglaublich. Wo sind denn die Eltern? Wieso haben die Jugendlichen Geld für den Alkohol, und wieso sitzen sie nicht zu Hause und lernen für die Schule oder ihre Ausbildung? Ich sage euch, irgendwann werden die jungen Leute noch vor Beenden des Studiums an Alkoholismus verstorben sein, und wir haben einen Ärztemangel – beispielsweise …!«

Bei dem Wort »beispielsweise« macht sie mit der Hand einen eleganten Schlenker durch die Luft.

Laszlo und ich blicken uns wortlos an.

»Ich hoffe, dass mein Enkel so etwas nicht mitmacht!«

Schnell werfe ich ein: »Muddiii! Philipp trinkt doch überhaupt keinen Alkohol, das weißt du doch!«

»Ja, aber was ist, wenn sie ihm heimlich Wodka in die Cola mischen? Ach, ich sage euch, die Welt ist furchtbar geworden, und am liebsten wäre ich gar nicht mehr auf dieser Welt.«

Ich nicke.

Laszlo schüttelt den Kopf.

»Bah!«, ruft Muddi jetzt noch einmal laut und schüttelt sich, wohl um die Schlechtigkeit der Welt auch ins Bild zu rücken. Apropos ins Bild rücken, da war doch noch was …

Laszlo spult den Film zurück. Dann hält er den Film abermals an, und wir können ein großes Standbild von dem geöffneten Kühlschrank sehen.

»Was siehst du da?«, fragt Laszlo Muddi.

»Sieben Flaschen Sekt!«, antwortet sie in gereiztem Ton.

»Nee, guck doch mal genau hin, Muddi …« Laszlo lächelt Muddi freundlich an.

»Also, ich seh da sieben Flaschen Sekt! Lauraa, sag doch auch was dazu!«

Ich sage: »Die steht nicht auf Sekt, Muddi. Die mag indische Fertiggerichte aus der Dose.«

»Was soll das denn sein, indische Fertiggerichte aus der Dose?«

»Na, Currys und Linsengerichte und so etwas.«

Muddi sagt: »Ihr werdet noch alle ganz fürchterlich krank werden, wenn ihr so was esst! Ich hab das neulich erst gelesen: Fertignahrung macht krank! Und dann auch noch aus Indien«. Sie nickt abschließend und gibt ein Zeichen, dass Laszlo den Film weiterlaufen lassen soll.

Für drei Minuten Film haben wir bis jetzt zwölf Minuten gebraucht, hochgerechnet heißt das, wir werden für den gesamten Film mindestens sechs Stunden benötigen, also weit bis nach Mitternacht, wenn wir so weitermachen.

Aber, o Wunder, Muddi bleibt die nächste Viertelstunde, abgesehen von ein paar leisen Kommentaren und lauten Knabbergeräuschen, ruhig. Wenn sie nur nicht ständig das, was sie für sich zum Naschen wählt, zuerst mir als Vorkoster-Ration in die Hand drücken würde. Jetzt ärgere ich mich, dass ich all die Schüsselchen überhaupt hingestellt habe. Und dann fällt es mir wie Schuppen von den Augen: *O Gott, hier sieht es ja aus wie bei Muddi auf dem Kaffeetisch.*

»Das war doch eine Zeder, oder? Wie groß werden die eigentlich?«, reißt Muddi mich zum Glück aus dieser alptraumhaften Erkenntnis, und ich schaue jetzt nicht nur auf den Fernsehbildschirm, sondern nehme auch wahr, was ich dort sehe.

Bäume. Bäume im Sommerlicht, schillerndes Moos und tanzende Mücken. Da spult Laszlo aber auch schon zur vermeintlichen Zeder zurück.

Ich ziehe derweil das iPad hervor. Wenn wir mit Muddi fernsehen, gibt es kaum eine Sendung, bei der nicht recherchiert oder gegoogelt werden muss. Dieses Mal eben, um einen Baum zu bestimmen. Und ich befürchte, es handelt sich keineswegs um eine Zeder. Aber ich brauche meine Vermutung gar nicht zu äußern, allein, dass ich das iPad hervorgezogen habe, lässt in Muddi bereits Unmut aufsteigen.

»Na, ich weiß doch noch, wie eine *Zeeeeeder* aussieht, Laura!« Sie schlägt sich mit den Händen auf ihre Oberschenkel, während sie den Baumnamen theatralisch in die Länge zieht. »Der Baum ist eine Zeder, da könnt ihr Gift drauf nehmen!«

Doch da habe ich auch schon eine echte Zeder auf dem iPad-Bildschirm und halte die Aufnahme Muddi unter die Nase.

»Ach, verdammt!«, ist ihr kurzer Kommentar. Und heißt so viel wie, dass das Thema jetzt durch ist und bitte keiner von uns mehr ein Wort zu der Verwechslung sagen soll. Muddi steckt sich noch eine Mokkabohne in den Mund – immerhin darf ich eine Runde aussetzen. Diese Strafe nehme ich gern auf mich.

Hätte *ich* mit so einer Vermutung falsch gelegen, wäre das noch Stunden später Thema. Immer und immer wieder würde Muddi mir aufs Butterbrot schmieren, wie unrecht ich hatte. Selbst nach Jahren würde sie in geselliger Runde nichts daran hindern, über meinen kleinen Fauxpas groß zu berichten:

»Ach, wissen Sie, damals hatte meine Tochter behauptet, eine Zeder entdeckt zu haben. Dabei war das eindeutig eine Kiefer! Und als ich es meiner Tochter bewiesen hatte, dass es sich bei dem Baum in Wirklichkeit um eine nordwestamerikanische Schnörkelschneckensumpfgrubensandkiefer handelte, hat sie ganz schön baff aus der Wäsche geguckt! Was? Ihre Tochter ist auch so? Jaja, diese jungen Dinger, ich sage es Ihnen …!«

Um den Unmut, der bei diesen Gedanken in mir aufsteigt, zu lindern, nehme ich mir eine Mokkabohne. Mit einem gefüllten Bauch lässt sich eben manches besser ertragen. Huch, könnte von Muddi sein der Spruch.

Und tatsächlich, nach drei Stunden, vier weiteren iPad-Einsätzen, einer kurzeitigen Schnappatmung von Laszlo, die ich aber mit einem Tritt gegen das Schienbein beenden kann, und einem gefühlten Kilo Mokkabohnen in mir, sehen wir das Ende des Films. Natürlich ein Happy End. Der Abend mit Muddi jedoch bleibt ein open end …

8.

»Was wäre, wenn da nichts mehr wäre? Einfach nichts ...«

Haben Sie mit Ihrer Mutter schon mal abends beim Wein zusammengesessen? Und sich dabei unterhalten? Wenn Sie ganz neue existenzielle Erkenntnisse gewinnen möchten, kann ich das nur empfehlen. Wenn Sie Ihren guten Ruf bewahren und einen klaren Kopf behalten möchten, dann rate ich dringend, ganz dringend von Merlot & Co mit der Mutter ab. Ach, was sag ich, am besten auch schon den Kaffee vorher boykottieren, denn irgendwie ergibt in puncto Essen und Trinken bei Müttern das eine immer das andere.

Ich erreiche an diesem Mittwochnachmittag mein altes Nest, um wieder einmal bei Muddi zu übernachten. Der Kaffeetisch ist selbstverständlich üppig gedeckt, und der Bohnenkaffee steht parat. Eine große Kanne, als würde die ganze Sippschaft vorbeischauen. Muddi und ich plaudern bei den ersten beiden Tassen Kaffee und einem Stück Marmorkuchen über dies und das – über die Nachbarn, die Tankstelle gegenüber und Margot, die am Freitag zuvor wieder einmal ganz eigensinnig allein Bummeln gefahren ist, ohne Muddi mitzunehmen. Das hatte Margot ihr am Sonntag brühwarm und ohne ein schlechtes Gewissen erzählt – man stelle sich das einmal vor. Kaum habe ich den letzten Bissen des Kuchens hinuntergeschluckt, legt Muddi das nächste auf meinen Teller. Ich sage nichts dazu, mit einer dritten Tasse Kaffee geht noch was.

»Hast du gesehen, welche köstlichen Kekse ich gekauft habe, Laura?«

»Mhm!«, antworte ich noch freudig.

Ich nehme mir ein Kekschen und höre aufmerksam zu, wie mir meine Mutter erklärt, in welchem Regal bei Kaufmarkt sie das Gebäck am letzten Donnerstag gefunden hat.

»In letzter Sekunde habe ich die noch entdeckt, Laura!«, schließt sie ihren detaillierten Bericht.

Ich überlege, was »in letzter Sekunde« bedeuten könnte. In letzter Sekunde, bevor was passierte? Bevor sie von der Kassiererin zum Bezahlen an die Kasse gerufen wurde, weil der Laden für immer schließen wollte? Oder in letzter Sekunde vor dem Ausweichen vor einer agilen Servicekraft, die gerade dort am Keksregal Ware auffüllen wollte und Muddi beinahe den Weg – mit gezückter Kalaschnikow – verstellt hätte? Oder in letzter Sekunde vor Muddis befürchtetem Ableben? Oder …

»Soll ich uns eine Packung Mon Chéri holen?«

»Um Gottes willen! Muddi! Nein!«, wehre ich mit kuchenbefülltem Mund und rudernden Armen ab.

Doch Muddi steht bereits auf. Ich höre, wie sie ihre Vorratskammer öffnet, und es raschelt.

Kaum liegen die Schoko-Kirschschnaps-Pralinen auf einem mit rosa Blüten verzierten Tellerchen auf dem Tisch, bewegt sich mein rechter Arm wie von selbst vor und meine Finger greifen zu. Zum vierten und fünften Kaffee gehört etwas Süßes einfach dazu.

Bei Kaffeetasse Nummer sechs und sieben sehen Muddi und ich uns einige alte Zeitschriften aus den Jahren 1978, 1984 und 1987 an und bestaunen die Mode von damals. Muddi kann sich von den historischen Dokumenten einfach nicht trennen, und ehrlich gesagt, mir macht dieses Zurückschauen in die alten Zeiten auch Spaß.

Die inzwischen achte angebotene Tasse Kaffee lehne ich nun aber kategorisch ab. Um 18.45 Uhr – ich sitze direkt gegenüber von der Uhr, die an der mit roten Zierriemchen verblendeten Wohnzimmerwand hängt – schmilzt in meiner rechten Wange das neunte Mon Chéri, gefolgt von einer Hartwaffel mit Schokocreme.

Punkt 19.00 Uhr schaut mich meine Mutter an, als hätte sie gerade einen siebenschwänzigen fliegenden Dinosaurier mit Glubschaugen und einem Mordsgebiss gesehen, und fragt mich: »Gott, Laura! Musst du nicht was essen? Du musst doch Hunger haben!«

Ich blicke erstaunt, während ich mir mit der Zungenspitze einen Schokorest von meiner Unterlippe lecke. »Muddi? Wir haben gerade Marmorkuchen und tonnenweise Pralinen gegessen. Ich hatte sogar drei Stück Kuchen!«

Muddi zuckt mit den Schultern: »Ja, aber das ist doch nichts *Richtiges*! Soll ich Brot und Aufschnitt holen? Oder wollen wir lieber eine Fünf-Minuten-Terrine essen?«

»O ja, den Kartoffelbrei mit Fleischklößchen, wenn du hast.« Sämtliche Bedenken haben sich in Luft aufgelöst, mein Magen gibt deutliche Zeichen *für* die herzhafte Speise.

Ich gebe zu, ich könnte mich in dieses Fertigprodukt

hineinsetzen. Bah, bin ich maßlos und widerwärtig. Aber das bin ich immer nur einmal pro Woche: bei Muddi. Periodische kulinarische Ausraster sind okay, finden Sie nicht?

Bis wir den Tisch neu gedeckt haben, die Bechermahlzeit mit heißem Wasser gefüllt und den passenden Fernsehsender gefunden haben, ist es 20.00 Uhr geworden.

Gemütlich löffeln wir den köstlichen Fertigbrei zur Tagesschau, zum Glück sind heute mal keine Kriegsnachrichten dabei.

»Und jetzt haben wir uns ein Gläschen Rotwein verdient, Muddi«, sage ich und will schon in die Kristallweingläser, die bereitstehen, einschenken.

»Halt, Laura, aber nicht so viel Wein! Ich hab doch erst vor einer Stunde meine Tabletten genommen!«, ruft Muddi.

Und während ich ihr eher wenig und mir eher viel von dem Merlot einschenke, frage ich mich, was an diesem Abend passieren könnte, wenn meine Mutter auf das Blutdruck senkende Medikament zwei volle Gläser Wein trinken würde. Sogleich fallen mir drei Möglichkeiten ein, die ich im nächsten Moment auch schon sehr lebendig vor meinem inneren Auge sehe.

Erste Möglichkeit: Muddi würde noch mehr reden. Quasi ununterbrochen, bis zum Morgengrauen. Es wäre ein Monolog über die Nachbarn, die Handwerker, den Gärtner und Margot. Ich würde zwei Stunden später vermutlich volltrunken unter ihrem Marmortisch liegen, mit den Fäusten auf den Boden trommeln und rufen: »Hör auuf… ich kann nicht meeehr… Gott, ich möchte sterben!« Anschließend würde ich lallend das Vaterunser aufsagen, so weit ich es noch zusammenbekäme.

Zweite Möglichkeit: Muddi würde innerhalb der ersten Sekunden nach dem zweiten Glas ins Koma fallen. Was an sich gar nicht mal so übel wäre ... Ich könnte dann in aller Ruhe fernsehen, ohne die ständigen Zwischenkommentare meiner Muddi. Zudem würde ich mir noch zehn Fünf-Minuten-Terrinen und zwei der fünfzig Raviolidosen aus dem Vorratsschrank warm machen, mich anschließend im zwei Quadratmeter großen Bad übergeben, dann endlich gegen drei Uhr nachts ins frisch bezogene Bett torkeln und zu guter Letzt die verdammten Rüschen des Kopfkissens zurechtrücken, damit am nächsten Morgen nicht wieder diverse Abdrücke meine rechte Wange zieren.

Dritte Möglichkeit: Muddi würde über noch nie offenbarte Anekdoten aus ihrem Leben berichten. Vielleicht hatte sie während des Krieges nicht nur illegalerweise Kohle geklaut, sondern war im Geheimdienst der britischen Krone als Agentin 0080 tätig gewesen und hatte als Aufgabe Hitler auszuspionieren, wobei sie sich vermutlich auch gar nicht mal so dumm angestellt haben würde.

Meine Mutter nimmt ein Schlückchen Wein und sieht zu, wie ich die mitgebrachte Videokassette einlege. Muddi hatte mich am Freitag gebeten, *Wer wird Millionär?*, die Quizshow mit Günther Jauch, aufzunehmen, weil sie sich gern eine Asien-Dokumentation auf 3sat anschauen wollte, die Philipp ihr empfohlen hatte.

Als auch ich mich gemütlich in die Sofakissen sinken lasse und vom Wein schlürfe, muss ich mich sogleich auch höllisch konzentrieren, um alles mitzubekommen. Alles, was zwischen Jauch und Muddi nun mal so abläuft: die Fragen des Moderators, die möglichen Antworten, die endgültige Antwort des Kandidaten, die Kommentare meiner Mutter zu den Fragen, die Kommentare meiner

Mutter zu den möglichen Antworten, die Kommentare meiner Mutter zu der endgültigen Antwort des Kandidaten sowie ihre Geschichten über die Verwandtschaft, über den Garten, welcher Muddi »Unsummen« kostet, und über Lorenzo, den Sohn ihrer Mieterin, der momentan nicht allzu gern zur Schule geht.

Kaum ist die Sendung zu Ende – Muddi und ich haben inzwischen einen gewissen Promillepegel erreicht –, unterhalten wir uns angeregt über: das Weltall.

Ich weiß, was manche jetzt unken. Man sollte Mitvierzigerinnen und alte Ladys lieber hart arbeiten schicken. Von morgens um sechs bis abends um zehn. Sie sollten Löcher buddeln oder Spargel stechen. Dann kämen sie nicht auf solche Fragen wie: »Hat man denn jemals ein Wurmloch entdeckt?«

Muddi nippt an dem dritten Glas Wein, natürlich jedes nur höchstens ein Viertel gefüllt, und sinniert. Dabei schwenkt sie ausdrucksstark eine Hand. »Weißt du, Laura, manchmal, wenn ich abends auf dem Sofa liege und über uns, die Menschen, die Erde und das Universum nachdenke, wird mir richtig schlecht!«

Ich nippe ebenfalls an meinem dritten Glas Wein, natürlich jedes mehr als halb voll, und frage: »Wieso denn das?«

»Diese Gedanken hatte ich schon als Kind. Und mit meiner Mutti konnte ich ja überhaupt nicht darüber reden. Die hat das immer abgetan und mich beinahe für verrückt erklärt.« Muddi lehnt sie sich zurück und seufzt. »Was wäre, wenn da nichts mehr wäre? Einfach nichts. Was wäre dann?«

Ich überlege. Und ich hake nach: »Was meinst du mit nichts?«

»Keine Bäume, kein Wasser, keine Tiere, keine Menschen, nur die reine Atmosphäre«, sagt sie.

Ich muss hier einstreuen, dass mir im Nachhinein unser Gespräch peinlich, ja sogar höchst unangenehm ist und ich mir im Klaren bin, dass meine Mutter und ich wirklich keine, sozusagen NULL fundierte Kenntnisse über die Atmosphäre, Elemente und Physik an sich besitzen. Und wir waren beide während der Schulzeit eher sprachaffin.

Ich schreibe dies hier trotzdem auf, um anderen Frauen Mut zu machen, denen es ähnlich geht. Ich plädiere in diesem Sinne für mehr Offenheit und den lockeren Umgang mit Wissenslücken. Zum Wohle der Situationskomik.

»Ich weiß nicht ...«, sage ich. »Wenn da nichts wäre, wären wir ja auch nicht anwesend, und wir müssten uns auch keine Gedanken machen.«

»Gott, wär das schön«, flüstert Muddi. Mit einem entrückten Lächeln auf dem Gesicht redet sie weinselig weiter. »Die Wissenschaftler sagen, dass irgendwann die Erde entstand. Nun gut, das kann man sich noch gerade vorstellen. Gesteinsbrocken auf Gesteinsbrocken und wumms – ist da ein neuer Planet. Aber ich frage mich: Woher kamen denn diese Gesteinsbrocken? Wo kamen die her, Laura?«

Jetzt schaut sie mich fast schon verängstigt an. Diese Stimmungsschwankungen kenne ich auch ohne Alkohol von ihr.

Ich schweige kopfschüttelnd, meine sonst rege Fantasie scheint sich gerade irgendwo anders aufzuhalten.

Muddi schüttet sich plötzlich den ganzen Rest Wein aus ihrem Glas mit einem Mal in den weit geöffneten Rachen. Und mit einem Blick, der nach Antworten lechzt, fragt sie weiter: »Und wenn man sich in einem Universum befindet, das so unsagbar groß ist ... wo zum Teufel steckt dieses Universum drin? Irgendwo drin muss es doch stecken? Und wenn es irgendwo drinsteckt, worin steckt es dann? Und das, in dem es steckt: Worin steckt das wiederum?«

O Gott, o Gott! Sie hat recht! Alles um uns herum ist eine Russenpuppe, eine Babuschka! Und irgendwer, nennen wir ihn GOTT, sitzt gemütlich, vermutlich bei einem Glas Merlot, davor. Und von Zeit zu Zeit dreht er diese Holzpuppe quietschend auseinander (Babuschkas quietschen immer ...), zieht die nächstkleinere Puppe heraus, lässt sie eine Weile stehen (sagen wir drei Millionen Jahre lang), um wiederum die nächst kleinere Puppe herauszudrehen ...

Und diese Püppchen nennt er dann – mit zunehmendem Promillepegel – Mesozoikum, Ordovizium oder auch Ectasium!

Mir wird schwindelig. Und Muddi ruft mir zu: »Siehst du, das macht mich krank! Und niemand kann es einem wirklich erklären. Wenn die Wissenschaftler heute ein Bruchstück erklären, verwerfen sie es morgen schon wieder, weil es sich erwiesen hat, dass es doch keine Wurmlöcher gibt. Weil alles doch nur Theorie ist. Ich verachte alle Physiker! Al-le!« Bei dem Wort »Al–le« schüttelt sie sich angewidert.

Recht hat sie, denke ich volltrunken. *Ich pfeife auf Albert Einstein. Auf seine Relativitätstheorie – pah!* Ich weiß jetzt – um Mitternacht – nur, dass der Merlot relativ süffig war und ich ... relativ bereit bin, das Rüschenkissen-Messingbett im alten Schlafzimmer meiner Eltern aufzusuchen.

Egal, wenn das Kabel zur Nachttischlampe mit Rüschenschirmchen eingerissen ist und man die offen gelegten Kupferdrähte lieber nicht berühren sollte, falls man im Suff den Schalter betätigt!

Schietegal, dass Muddis Matratze so wahnsinnig durchgelegen ist und ich für die kommenden Tage vermutlich kaum aufrecht gehen kann!

Total egal, dass Muddi die Heizung im Schlafzimmer auf höchster Stufe laufen hat und ich bei gefühlten fünfzig Grad schlafen werde!

Auch total egal, dass unter dem Bett rund vierzig alte Plüschtiere mit jeweils drei Millionen Staubmilben ihr Dasein fristen!

Und es ist mir so etwas von schnurzpiepegal, dass Muddi oben noch immer auf die Wissenschaft schimpfend auf dem Sofa sitzt. Ich hab genug für heute. Gute Nacht!

9.

»Gott, die Steckdose hab ich ja noch nie gesehen!«

Am nächsten Morgen um 10.00 Uhr steht Muddi nach einem ersten Frühstück in leicht gebeugter Haltung am Bügelbrett. Das Brett ist rund zwanzig Jahre alt und lässt sich in der Höhe nicht verstellen. Aber das ist nicht der Grund für ihr lautes Fluchen. »So ein Mist aber auch! Hätte ich mal bloß eher gebügelt, jetzt ist die Bluse schon knochentrocken!«, ruft sie.

Ich sage: »Dann kauf dir doch endlich ein Dampfbügeleisen!«

»Nee, damit komm ich nicht klar, Laura!«, gibt sie in einem Ton zurück, der keine Widerrede erlaubt, taucht ihre Finger in eine kleine Waschschüssel mit Wasser und befeuchtet mit einer geübten schlackernden Handbewegung das Wäschestück.

Es ist nun mal so, dass meine Mutter den von mir geschenkten Wasserkocher zwar in der Küche griffbereit stehen hat, jedoch nie benutzt – »Mit dem alten Wasserkessel dauert es doch auch nicht sooo lange, Laura!!«

Und die multifunktionale Stehlampe, ein Geschenk von meinem Mann Laszlo, die sich durch eine immense Leuchtkraft hervortun könnte, hat sie ins Gästezimmer verbannt, selbstverständlich ohne deren Stecker in eine Steckdose zu stecken – das Kabel liegt um den Lampenfuß herumgewickelt wie eine altersschwache Boa constrictor um einen Baum.

Muddi kocht natürlich auch noch auf einem Gasherd. Diesen Gasherd besitzt sie seit rund fünfzig Jahren. Er steht exakt an dem Platz, an dem mein Vater ihn vor rund fünfzig Jahren platziert und eingebaut hat. Basta!

Der Gasherd an sich tut's noch, wenn man denn Geduld und Muße und Zeit hat, um auf die erste brauchbare Flamme auf dem Kochfeld vorne links warten zu können. Wasser wird nur vorne links aufgesetzt, dies zur Information.

Dreht man den Knopf ein erstes Mal, begeht man oft einen fatalen Fehler. Man rechnet nicht damit, dass die Flamme gezündet bleibt, und lässt den Knopf verfrüht los. Das ist schlecht, denn bereits beim zweiten Mal scheint sich die eigene Unkonzentriertheit auf den Herd zu übertragen, und er springt nicht mehr an. Er springt auch weder beim dritten, vierten oder zehnten Versuch an. Fluchend dreht man sich zum Küchenschrank auf der gegenüberliegenden Seite herum, wühlt in der völlig überfüllten Schublade mit Gummibändern, Brotklammern, diversen Weinkorken und fünf Küchenscheren und findet irgendwann den Gasanzünder. Das ist ein kleines, Funken sprühendes Gerät, welches man nun direkt an das Gasfeld vorne links am Herd hält und eine Flamme – ähnlich wie bei einem Stabfeuerzeug – »entzündet«.

In neunzig Prozent aller Fälle ist es so, dass der Herd bereits dann anspringt, BEVOR man losschießt. Dem Herd genügt anscheinend schon die bloße Drohung. Vermutlich ist es ihm zu langweilig, mithilfe eines Zusatzgerätes in Gang gebracht zu werden. Das launische Spielchen zuvor hat ihm scheinbar weitaus mehr Freude bereitet …

Während Muddi in gebeugter Haltung und munter fluchend weitere Blusen und dann ihre Unterhemden bügelt, möchte ich an diesem Vormittag im ehemaligen Arbeitszimmer meines Vaters an meinem Laptop über das Leben mit Muddi schreiben. Noch habe ich ihr nicht verraten, dass ich das tue, öfter tue und sogar schon ein Buch mit »ihren« Geschichten herausgekommen ist. Für diese Beichte braucht es einen ganz besonderen Moment.

Ich stecke jetzt also erst einmal das Netzkabel in den Laptop und führe den Stecker des Kabels in die Steckdosenleiste anno 1960, die neben dem alten, dunklen und höhenverstellbaren Tisch auf dem Boden liegt. Den Tisch ziert eine Tischdecke mit einem bajuwarischen Muster aus stilisierten Bauernrosen und tanzenden Paaren, Männer mit angedeuteten Lederhosen und Frauen mit weiten Röcken und geflochtenem Dutt auf dem Kopf.

Nun betätige ich die Einschalttaste meines Laptops, doch das gute Stück rührt sich nicht. *Oje*, denke ich. Hoffentlich ist es nicht kaputtgegangen, als es mir gestern Nachmittag beim Transport ins Auto aus den Händen geglitten war! Ich teste die Funktion des Laptops an einer Steckdose in der Küche, ich bin beruhigt, alles in Ordnung. Als ich mich wieder auf den Weg ins Arbeitszimmer mache, ruft Muddi: »Was machst du?«

Ich antworte: »Nichts.« Das ist eine eingeübte Taktik. Bei dem Wort »Nichts« fragt sie nicht weiter nach. Das war schon immer so.

Mir kommt die Idee, dass eventuell die antiquierte Steckdosenleiste nicht mehr funktionieren könnte, und teste dies, indem ich die alte Nachttischlampe mit Stoffschirm und Schleife in die Leiste stecke. Auch die Lampe bleibt aus.

Ab diesem Moment begebe ich mich auf die Suche nach elektrischem Strom … Die alte Steckdosenleiste besitzt erstaunlicherweise ein ziemlich langes Kabel. Dieses Kabel hat mein Vater ehemals *unter* dem Nachttischchen aus Rattan, welches rechts neben einem hellblauen Klappsofa steht, *hinter* dem hellblauen Klappsofa, *hinter* dem selbst gebauten, weiß gestrichenen Bücherregal und *hinter* den Dutzenden Büchern und CDs bis an die linke Seite des Regals an eine doppelte Steckdose geführt. Für die Doppelsteckdose wurde hier eigens ein beinahe passendes Loch hineingesägt.

Es ist nur *beinahe* passend. Ich erkenne es daran, dass mein Vater ganz eindeutig ohne Zentimetermaß oder Wasserwaage oder vorherige Zeichnung Pi mal Daumen ein Rechteck in die Regalwand gesägt haben muss, welches nicht wirklich ein Rechteck, sondern eher ein Trapez darstellt.

Ich kann mir schon vorstellen, wie diese Bastelaktion vonstattenging.

Meine Mutter wird gesagt haben: »Kuuurt! Du kannst doch die Steckdose nicht *vor* das Regal bauen! Wie sieht denn das aus! Du musst die VERSTECKEN … UNBEDINGT.«

Mein Vater wird bei dieser Ansage gestöhnt haben.

Muddi wird daraufhin ausgerufen haben: »Gott, nun *stöhn* doch nicht so! Immer, wenn ich etwas ordentlich haben will, stöhnst du herum! Bau die Dose doch einfach IN das Regal!«

»Ja, aber dann muss ich ein Loch aussägen!«

»Ja, und? Dann sägst du eben ein Loch aus«

»Das wird schwierig, weil meine Hände schon ausgewachsen sind – wie der Rest meines Körpers!«

»Gott, Kurt, nun stell dich doch nicht so an!«

»Ich weiß jetzt auch gar nicht, wo die kleine Säge ist …!«

»Das kann doch nicht wahr sein! Du bist jetzt nur zu faul, um in die Werkstatt zu laufen und sie zu suchen!«

»Wenn das alles so einfach ist, Lisbeth, dann mach es doch selber!«

»Wofür hab ich dich denn, Kurt? Machst du morgen die Rinderrouladen oder ich? Belegst du morgen früh die Schulbrote oder ich? Bügelst du nachher noch deine zwanzig Oberhemden oder ich? Fegst du heute …?«

Und dann hat mein Vater die Steckdose vermutlich mit Schwung auf den Fußboden geworfen und ist losmarschiert, um die kleine Säge zu suchen, kam dabei an meinem Zimmer vorbei und raunte mir mal wieder zu: »Deine Mutter macht mich noch wahnsinnig! Irgendwann bring ich sie um!«

Ich stecke das Kabel des Laptops in die Regal-Doppelsteckdose. Wieder regt sich nichts.

Langsam bin ich doch recht verzweifelt, und ich frage mich, als ich das Kabel der Doppelsteckdose sehe, wohin es wohl führt. Ich würde es lieber nicht tun, muss es aber klären, wenn ich hier heute noch in Ruhe ein paar Seiten schreiben will.

Als ich Muddi zu mir zitiere und ihr die Regalsteckdose zeige, zieht sie nur eine Augenbraue hoch und sagt verwundert: »Gott, die Steckdose hab ich ja noch *nie* gesehen …!«

Ich frage: »Wie lange wohnst du noch mal in diesem Haus?«

Sie antwortet lakonisch: »Gefühlte zweihundert Jahre, Laura. Aber es sind höchstens fünfzig …«

Das Kabel der Doppelsteckdose führt in Richtung der Regalwand. Auf der anderen Seite der Wand, im Badezimmer, befindet sich die Abseite. Dort – im Bad – öffne ich nun die dünne Holztür, die mein Vater seinerzeit mit einer Strukturtapete beklebt hat. Die Tür hat eine Höhe von ungefähr einem Meter fünfzig. Die Höhe der Tür ist jedoch nur die zweite Hürde, um in die Abseite zu gelangen. Zuvor muss ich es hinbekommen, die Tür erst einmal zu öffnen. Das ist etwas mühselig, da sie klemmt. Als ich sie endlich aufgestoßen habe, muss ich mich ducken und zusätzlich über eine cirka zwanzig Zentimeter hohe Schwelle steigen, um dann in rund zehn Paketen Toilettenpapier à zehn Rollen (vierlagig, Muster: blaue Wale) zu stehen.

Ich meine, ich sehe, dass dort die Pakete liegen, und trete natürlich nicht in sie hinein, sondern schiebe sie mit dem Fuß beiseite. Aber auch das ist schwierig, weil hinter den zehn Paketen Toilettenpapier noch zwei Wäschekörbe (nagelneu und noch unbenutzt – man weiß schließlich nie, wann in Deutschland die Produktion von Plastikwäschekörben eingestellt wird ...), drei Koffer und der wuchtige Eichennachttisch meines Großvaters stehen.

Die drei Koffer sind allesamt aus den Fünfzigerjahren, grau kariert und mit Lederriemen zu verschließen. Der Eichennachttisch besitzt geschnitzte Ornamente und ist laut Aussage meiner Mutter – ebenso wie die drei Koffer –»immens viel wert«!

Jetzt sagt Muddi, die hinter mir alles beäugt, was ich tue: »Geh damit mal auf den Flohmarkt. Da werden sie aber an deinem Stand stehen und dir die Sachen aus den Händen reißen wollen, Laura! Aus den Händen!«

Und eben weil meine Mutter vermutet, dass eine

kilometerlange Schlange vor den drei Koffern und dem Nachttisch stehen wird und sich am liebsten eine Nummer aus einem extra für diese Situation am Flohmarkttisch angebrachte Maschine – so wie die beim Schlachter oder bei den städtischen Jobcentern – ziehen würde, gelange ich auch heute nur unter extremer Anstrengung an das Ende der Regaldoppelsteckdose, die exakt über einem der drei Koffer in einer weiteren Steckdosenleiste mit Verlängerungskabel endet. Diese baumelt an der von Spinnweben überzogenen Decke beziehungsweise führt das Ende an eine – Sie ahnen es bestimmt schon – nächste Steckdose mit Verlängerungskabel. Dieses führt durch die Decke auf den Dachboden.

Nachdem ich meinen Laptopstecker in jede Steckdose, die ich entdecken konnte, gesteckt habe, aber in keiner Strom zu floss, gebe ich auf. Mit wirrem und von Spinnweben und Staub bedecktem Haar klettere ich wieder aus der Abseite.

Nach der Aktion führt meine Mutter folgenden Monolog: »Meine Güte, *was* hat dein Vater sich damals bloß dabei gedacht? Also hätte ich das damals mitbekommen, hätte dein Vater das nicht so amateurhaft machen dürfen! Himmel, ich kann das alles nicht verstehen. Wirklich nicht. So eine Stümperei.« Und dann schaut sie mich an und fragt: »Was machen wir denn nun?«

Ich überlege, und mir fällt plötzlich ein, dass es zwei Wochen zuvor etwa ein heftiges Gewitter gegeben hatte, von dem mir Muddi am Telefon auch ausführlich berichtet hatte. Ich vermute also, dass ein Kurzschluss Grund für die toten Steckdosen sein könnte. »Muddi, am besten rufst du Herrn Lichter«, sage ich.

Herr Lichter, der Elektriker, öffnet den Sicherungskasten. Der befindet sich neben dem oberen Treppenabsatz, hinter einer selbst gebauten Konstruktion meines Vaters. Der Kasten ist vertäfelt, die Bretter wechseln sich im Farbton des jeweiligen Holzes ab, ein Brett ist hell wie Kiefernholz, das nächste dunkelbraun wie Mahagoni. Mein Vater hatte den Kasten mit Bootslack gestrichen, so wie auch die gesamte Vertäfelung im Erdgeschoss meines Elternhauses.

Man musste anfangs den Kasten nur von der Wand abheben, das ging schnell und einfach. Im Laufe der Zeit hat sich das Holz jedoch verzogen, und damit der Kasten nicht beim leichtesten Luftzug abfiel, hatte mein Vater in der Mitte des Kastens eine große Messingschraube ins Holz gedreht. In der oberen Mitte. Mein Vater war schließlich 1,95 Meter groß. Wenn jemand, so wie ich, gerade mal die 1,70 erreicht, ist die Schraube schon recht unhandlich zu lösen … Herr Lichter nun misst 1,60 Meter, weshalb ich eine Leiter aus dem Schuppen hole und sie ihm mit dem Hinweis, er solle vorsichtig sein, die Treppe sei steil, auf der obersten Stufe der Treppe platziere.

Als Herr Lichter nach ungefähr zehn Minuten die Schraube endlich gelöst hat (sie ist halt schon ein wenig verrostet), den passenden Sicherungsschalter wieder umgeklappt hat, den Sicherungskasten wiederum nach rund zehn Minuten festgeschraubt hat, nutzt er die Gunst der Stunde, als Muddi gerade nach Trinkgeld sucht, und spricht mit mir.

»Frau Windmann, die Leitungen hier müssten alle mal erneuert werden. Im Grunde ist es lebensgefährlich, in diesem Haus zu wohnen.«

Ich nicke. Was soll ich auch sonst tun außer nicken?

Herr Lichter sieht mich an, ich sehe ihn an, wir beide blicken in Richtung Wohnzimmer. Dort wühlt Muddi noch immer in ihrem Portemonnaie und sucht zwei Euro. Der Handwerker kennt Muddi. Er kannte auch meinen Vater. Und er kennt das Haus meiner Eltern.

Wir sehen uns wiederum an, zucken zeitgleich mit den Schultern … und lächeln. Ja, irgendwann einmal im Leben muss man erkennen, dass gewisse Dinge einfach nicht zu ändern sind. Auch wenn sie eigentlich geändert werden müssten. Was nicht geht, geht nicht. Nicht, wenn Muddi ihr Geld zusammenhält, sie auf neue elektrische Leitungen verzichten möchte und es ihr egal ist, dass das Haus und seine technischen und elektronischen Anlagen veraltet sind.

»Ach Laura! Ich bin jetzt achtzig Jahre alt geworden. Du glaubst doch nicht allen Ernstes, dass ich JETZT noch an einem Stromschlag sterbe?«

Nein, Muddi, ist in Ordnung, Muddi …

Als ich an diesem Donnerstag gegen Abend wieder nach Hause komme, ich auf den Lichtschalter drücke und sofort Licht angeht, bin ich für einen Moment so irritiert, dass ich es sogleich wieder ausschalte und erst einmal die Dunkelheit auf mich wirken lasse. Minuten später schalte ich das Licht wieder ein und sehe mich in meinen hell erleuchteten eigenen vier Wänden um. Mich beschleicht das Gefühl, Muddi lebe in einem Dorf im tiefsten Papua-Neuguinea. Und es dauert noch eine ganze Weile, bis ich mich in meinem hochtechnisierten, zivilisierten Leben wieder zurechtfinde.

10.

»Du Schande, wer trägt denn heute noch Loden?«

Ich glaube, ich klinke mich aus.

Woraus? Aus Familienfeiern!

Die letzten zwanzig Jahre muss ich geistig vermutlich komplett abwesend gewesen sein, oder ich habe einfach nicht zugeben wollen, dass die Feste in unserer Familie stets kräftezehrend waren. Von null bis Mitte zwanzig bekommt man von irgendwelchen Familienfehden, Zwistigkeiten, merkwürdigen Charakteren in der Sippschaft oder unheimlich wichtigen Clan-Ritualen noch nicht so viel mit. Und dann, als die jugendliche rosa Brille sich allmählich verdunkelte, habe ich einfach alles ausgeblendet, was nur auszublenden ging. Und – ich gestehe – ich habe oftmals leichtfertig die Meinung meiner Mutter angenommen, wenn es darum ging, diverse Angehörige in spezielle Schubladen zu stecken. Ich fand das alles auch ganz in Ordnung, das Lästern, das Miesmachen und das beglückte Verlassen der Festivität, wenn man feststellte, dass man nicht so dürr war wie Tante Else, nicht so faul wie Onkel Heinz oder so verzweifelt wie Nichte Irene! Niemals habe ich mir ernsthafte Gedanken über mein schändliches Verhalten gemacht. Ich ging, lästerte und verdrängte.

Erst seit einigen Jahren mache ich da nicht mehr mit! Ich stehe jetzt über den Dingen! Lass sie doch alle so sein, wie sie nun mal sind! Ich möchte doch auch so angenommen werden, wie ich bin. Und ich fände es wirklich nicht schön, wenn ich wüsste, dass die ganze Mischpoke hinter meinem Rücken raunt: »Nun sieh sie dir an, die verkappte Schriftstellerin! Wer liest denn schon ihre Bücher? Keine Sau.«

Worauf will ich hinaus? Nun, vielleicht verstehen Sie mich besser, wenn ich Ihnen das Zusammensein in unserer Familie mal ganz anschaulich vor Auge führe. Da kann ich irgendein beliebiges Fest herausgreifen, eine Hochzeit, eine Beerdigung, einen Geburtstag. Um es aber möglichst objektiv schildern zu können, sollte es keine Feier eines engen Familienmitglieds sein, also mal überlegen …

Vor zehn Jahren lud mein Cousin Jan zu seinem dreißigsten Geburtstag ein. Mit allem Brimborium, wie Muddi immer gern sagt. Allein dieser Ausdruck bedeutet aus Muddis Mund so viel wie: »Gott, wieso kommen denn *so viele* Leute zu seinem Geburtstag? Es hätte doch auch gereicht, wenn nur die engste Verwandtschaft zusammen feiern würde! Da jammern sie herum, dass sie mit ihrem Geld nicht auskommen, und dann präsentieren sie ein Riesenfestmahl, als sei Jan der Bürgermeister von Timbuktu! Gott, geht mir das auf die Nerven …«

Mein damaliger Mann Helge und ich holten also an diesem besonderen Tag meine Eltern mit unserem Auto ab, zugegeben wir hatten uns bereits leicht verspätet. Und natürlich waren auch meine Eltern noch nicht abfahrfertig, meine Mutter suchte noch nach einer passenden Handtasche, mein Vater hatte seinen Haustürschlüssel verlegt. Meine Mutter war außerdem immens unzufrieden mit ihrer Frisur, damals trug sie noch Dauerwelle und keinen Dutt.

»Die Haare liegen doch wunderbar«, beruhigte ich sie. »Und schick bist du wieder, jedes Detail stimmt«, sagte ich mit Blick auf die taupefarbene Handtasche, die sie aus dem Berg Taschen, den sie seit Jahrzehnten in ihrer Kommode beherbergt, gewählt hatte.

Habe ich eigentlich erwähnt, dass es in meiner Familie immer schon recht chaotisch zuging? Dass ich mein unordentliches, unkoordiniertes Wesen einfach nur geerbt habe und gar nichts dafür kann? Und dass mein unordentliches Wesen Helge manchmal an den Rand der Verzweiflung bringen konnte, ebenso wie es meinen jetzigen Mann Laszlo manchmal an den Rand der Verzweiflung bringen kann? Dass sie aber froh sein sollten, weil Künstler doch im Grunde unordentlich sein müssen, sonst wären sie eben keine Künstler und könnten nicht so wertvolle Dinge für die Nachwelt erschaffen!

Nachdem nun meine Eltern nach einer halben Stunde (wir hätten schon vor vierzig Minuten bei Jans Geburtstag sein sollen …) startklar waren, fuhren wir hinaus aufs Land. Also besser gesagt in das Dorf, in dem ein Teil der Verwandtschaft väterlicherseits wohnte.

Während der Fahrt sinnierte meine Mutter: »Wie kann man nur in so einer gottverlassenen Gegend leben? Na, wenn man Schützenvereine und Kegelclubs mag …!«

Keiner von uns sagte etwas dazu.

Muddi sprach mit Blick zu meinem Vater weiter: »Ich hasse das Dorfleben. Ich kann es mir so richtig vorstellen. Da tanzt deine Schwester auf dem Tisch, wenn sie zehn Gläser Küstennebel getrunken hat.«

Keiner von uns sagte etwas dazu.

Muddi ereiferte sich: »Grausam, wie sie sich auf dem Land benehmen. Als wir nach dem Krieg nach Himmelpforten gekommen sind, zu unserem Bauern, da haben sie alle gemeinsam aus einem Topf gegessen! Bah, die Spucke von jedem an dem Löffel ...«

Keiner von uns sagte etwas dazu.

Und Muddi nutzte das aus und steigerte sich immer mehr in ihre Hassrede hinein, durch die so manche alte Wunde aufbrach. »Und in Himmelpforten haben wir zum ersten Mal Grünkohl essen müssen. Bei uns zu Hause in Pommern war das Schweinefutter!«

Papa, ich und Helge stöhnten unisono.

Muddi erhob erneut ihre Stimme: »Und den Steckrübeneintopf nennen sie Rübenmus. Dabei machen sie gar kein Mus daraus, sondern kochen die Rübe, schneiden sie für vier Personen viermal durch, und du musst deinen Anteil dann selbst *zermatschen*! Und geschmeckt hat das, wie ...«

Erst als wir endlich das Haus meines Cousins erreichten, stoppte Muddi ihre große Klagerede, und wie bei einem Filmdreh, wenn die Kamera zu laufen beginnt, verwandelte sich mit einem Mal ihr mürrischer Gesichtsausdruck in ein freudiges Strahlen. Und als Jan mit seiner Frau Jutta zur Begrüßung auf sie zukam, öffnete sie weit ihre Arme.

»Ach, Jutta! Wie schön, dich zu sehen! Wie lange ist das her? Fünf Jahre? Gott, du hast dich kaum verändert!«

Später sagte sie zu mir: »Verdammt, ich hätte die fast gar nicht wieder erkannt, die muss ja mindestens zehn Kilo zugenommen haben nach der Geburt der beiden Gören!«

Jan gratulierte sie überschwänglich und sagte dann noch: »Junge, du hast es ja wirklich zu was gebracht! So ein schönes Fest, danke für die Einladung.«

Onkel Heinz, ihrem Bruder, rief sie schon von Weitem zu: »Heinz! Mensch, wie schön, dich so munter zu sehen! Und dein Anzug, der hat ja sicherlich ein Vermögen gekostet, mit all den Hirschhornknöpfen!«

Als wir am Abend wieder im Auto saßen, raunte sie mir zu: »Du Schande, wer trägt denn heute noch Loden?«

Nach der Begrüßung saßen wir alle am großen gedeckten Kaffeetisch und labten uns am üppigen Schmalzgebäck. Mein Schwager hatte auch die Nachbarschaft eingeladen, darunter eine Bauernfamilie mit fünf Kindern.

Muddi reichte den Kindern lächelnd den Teller mit den Berlinern. »Kinder, nehmt doch! Wenn man so jung ist, hat man ja noch einen sehr großen Appetit!«

Die Nachbarskinder würden später gewiss noch über die »nette Omi« berichten ... doch meine Mutter sagte im Auto zu mir: »Gott, Laura, waren die verfressen. Da hätte es sich doch von den Eltern gehört, dass sie ihre Kinder bremsen! Ich habe nicht einen einzigen Berliner abbekommen!«

Nach dem Kaffeetrinken erzählte Jan von seinem letzten Urlaub in der Türkei. Meine Mutter rief: »Ach Gott, ja, wie schön! Man sollte auch wirklich reisen, solange man es kann! Genießt die Zeit, Kinder! Man sollte andere Kulturen kennenlernen, das bildet. Und erst das fremde Essen! Wie wundervoll!«

Kaum fuhren wir mit ihr nach Hause, sprach sie aus, was sie wirklich dachte. »Niemals würde ich in die Türkei fliegen. Nicht für eine Million Euro. Da bekommt man

Durchfall und Ausschlag und wer weiß was noch. Und wo haben die nur das Geld für das alles her? Aber nicht, dass ich neidisch wäre … Nein, ich bleibe sowieso lieber daheim und sitz in meinem schönen Garten und esse Bratkartoffeln. Da weiß ich, was ich hab!«

Ein Familienfest ohne anschließende Lästerei, undenkbar! Und irgendwie beschleicht mich das leise Gefühl, der emotionale Aufwand wird nur betrieben, um sich selbst danach besser zu fühlen, sich im Guten auf sein eigenes Leben zu besinnen.

»Musste Muddi gerade heute die olle Handtasche wiederbeleben? Gott, Taupe ist doch inzwischen völlig out …«, sagte ich zu Helge, nachdem wir meine Eltern vor ihrem Haus abgeladen hatten. Und während ich das sagte, strichen meine Finger liebevoll über das weiche Leder meiner mintgrünen Handtasche, der man die letzten zehn Jahre wirklich gar nicht ansah.

11.

»Ich weiß selbst, dass ich für euch nur noch die senile Oma bin.«

»Am liebsten würde ich meinen achtzigsten Geburtstag gar nicht feiern, Laura. Philipp wird ja sowieso nicht kommen wollen, jetzt, wo er in der WG wohnt«, sagt Muddi an diesem Donnerstagmorgen, während sie sich auf ihr neu bezogenes flaschengrünes Sofa setzt – »Der Stoff ist verschlissen, aber das Holzgestell ist noch gut, Laura!« – und mir auch sogleich das Töpfchen Krabbensalat »Sylter Art« anreicht.

Diese Äußerung Muddis ist so typisch für sie wie für einen Mops die eingedrückte Nase und Sabber am Maul.

Wenn Muddi irgendwelche Bedenken hat, begründet sie diese mit irgendeinem anderen Sachverhalt, der eigentlich in keinem Zusammenhang mit der eigentlichen Sache steht. Und am Gesprächspartner liegt es dann, das Gemisch an Äußerungen zu entwirren. Also zum einen geht es um den Geburtstag, zum anderen um Philipps neues Leben in der WG. Aber so sachlich und überschaubar kann man das mit Muddi nicht besprechen. Oder sollte ich besser sagen, so sachlich und überschaubar können meine Mutter und ich das nicht besprechen?

»Ich verstehe den Zusammenhang nicht, Muddi. Meinst du, seine Mitbewohner zwingen ihn, in der Wohnung zu bleiben? Glaubst du, dass eine WG es verbietet, an außerhäuslichen Familienfeiern teilzunehmen?« So bringe ich die Absurdität ihrer Rede erst mal auf den Punkt. Ist auf jeden Fall wirkungsvoller, als würde ich bloß sagen: »Aber natürlich kommt Philipp zu deinem Geburtstag, wenn du ihn feierst.«

»Neiiin!«, ruft meine Mutter, und nimmt mir den Krabbensalat wieder aus der Hand. »Nein, ach Laura ...! So meine ich das doch gar nicht. Aber bestimmt will er jetzt mehr unter jungen Leuten sein. Und er wird nichts mehr mit seiner alten, langweiligen Oma zu tun haben wollen.«

Wenn es einen Enkel gibt, der sich gern mit seiner Großmutter trifft oder und sie anruft und ihr sogar trotz Endlosmonologen zuhört, dann ist das Philipp. Perplex sage ich erst mal nichts. Sie wird ganz sicher nach einem Biss in ihren Toast zur Besinnung kommen und sich korrigieren und sagen, dass das alles natürlich Unsinn sei, sie wisse ja, wie sehr Philipp an ihr hänge, und sie fühle sich bloß so alt und nutzlos manchmal, aber das sei wirklich kein Grund, so ungerecht daherzureden.

Weit gefehlt ... Meine Mutter schaut zu, wie ich meinen Toast mit Krabbensalat bestreiche, zieht sich dabei in aller Ruhe eine Haarnadel aus ihrem Dutt, biegt die Nadel ein wenig auseinander, verzieht dabei ihr Gesicht, weil, so sagte sie neulich, diese verdammten Nadeln ja auch nicht mehr das seien, was sie einmal waren, und steckt sich die verbogene Nadel wie in Zeitlupe wieder in den Dutt.

In exakt dem Moment, als ich genüsslich in meinen Krabbentoast beiße, wettert sie los: »Ich weiß selbst, dass ich für euch nur noch die senile Oma bin. Keiner von euch interessiert sich für mich. Und ob ich nun hingefallen bin und nicht mehr aufstehen kann und tagelang in meinem Erbrochenen herumliege – das kümmert in Wahrheit doch keine Sau!«

WOMMS!

Fast verschlucke ich mich. Ich kann mich gerade noch beherrschen, unüberlegt Paroli zu bieten. Ich schlucke den Toasthappen und die aufsteigende Wut hinunter und frage meine Mutter betont ruhig: »Gehe ich recht in der Annahme, du stellst dir Folgendes vor: An einem Montagmorgen isst du deinen Krabbentoast. Das Verfallsdatum des Krabbensalats war jedoch abgelaufen – du hattest mal wieder das Supersonderangebot für 99 Cent statt einen Becher zum regulären Preis von 1,50 Euro genommen, du musst ja sparen. Und du hattest das Töpfchen ganz hinten in deinem Kühlschrank stehen und vergessen. Aber an diesem Montagmorgen bekommst du mit einem Mal Heißhunger auf Krabbensalat ›Sylter Art‹, und du erinnerst dich an das Töpfchen für 99 Cent, und es interessiert dich nicht die Bohne, welches Verfallsdatum auf der Verpackung steht. Mit fast achtzig Jahren stirbt man doch nicht mehr an einer Lebensmittelvergiftung, pah! Und bei *Stern TV* neulich haben sie alte Wehrmachtsversorgungspakete aufgebrochen und festgestellt, dass man die Kekse auch nach fünfundsechzig Jahren noch bedenkenlos essen kann!«

»Laura?!?« Meine Mutter sieht mich ungläubig an, weil ich gerade fantasievoll ihr Ableben konstruiere und mich dabei nicht scheue, ans Eingemachte zu gehen. Von wem ich diese Fähigkeit wohl habe? Ich ignoriere ihre Sprachlosigkeit, so wie sie es auch so gern tut, und fahre mit meiner Rede fort, während ich mir in aller Seelenruhe eine Scheibe Schwarzbrot auf meinen Teller lege und mit Krabbensalat »Sylter Art« bestreiche. »Dann trinkst du noch zwei Tassen deines starken Bohnenkaffees und räumst anschließend den Frühstückstisch ab. Da klingelt der Nachbar von gegenüber an deiner Haustür, doch du hast mal wieder keine Lust, die dreizehn Treppenstufen nach unten zu gehen und dir anhören zu müssen, dass er deine beiden Gießkannen mit Wasser gefüllt hat, damit du nicht selbst über den Hof gehen musst. Müsstest du über den Hof gehen, um die Kannen mit dem Wasser aus den Regentonnen zu füllen, könntest du über die Wurzel der wahnsinnig großen Tanne, die dort steht, stolpern. Deshalb füllt der Nachbar dir deine Gießkannen. Ich finde das sehr nett. Aber du findest es anstrengend, dass er sich um dein Wohlergehen sorgt. So ignorierst du also auch heute seine Statusmeldung und putzt lieber das Badezimmer.«

Muddi stöhnt, und ihre bis eben noch gestrafften Schultern sinken.

Unbeirrt rede ich weiter. »Dann plötzlich – du wischst gerade durch das Waschbecken – wird dir übel. Du nimmst einige Tropfen Iberogast ein. Die helfen ja immer, wenn dein Magen rebelliert.«

Die Augen meiner Mutter werden zu kleinen Schlitzen: Das ist ein Zeichen dafür, dass sie nun mit dem Schlimmsten rechnet. Zufrieden nehme ich einen Schluck Kaffee.

»Du ignorierst die Magenschmerzen, krabbelst die dreizehn Treppenstufen rückwärts hinab, so wie du es in letzter Zeit immer machst. Dann ziehst du die Ketten beider Sicherheitsschlösser heraus und drehst den Haustürschlüssel zweimal herum, um aufzuschließen. Dann nimmst du den Schuppenschlüssel aus deiner Kommode, öffnest die Tür, schiebst die Fußmatte nach draußen, damit sie die Tür offen hält, und gehst in gekrümmter Haltung über den Hof. Dir ist schrecklich übel. Trotzdem bemerkst du, dass der Nachbar an diesem Tage die Gießkannen nicht gefüllt hat. DAS hatte er dir sagen wollen, als er an deiner Haustür klingelte. Er hat heute nämlich keine Zeit, weil er zum Arzt muss. Nun bist du erbost darüber, dass dieser aufdringliche Mensch, der dich im Grunde immer nur die Treppen hinunterjagt, seinen Job nicht gemacht hat.«

Meine Mutter wird hinter dem Esstisch immer kleiner. Gleich werde ich nur noch ihren Dutt sehen.

»Du gehst also auf die Regentonnen zu, in den vor Schwäche zitternden Händen trägst du die beiden Gießkannen. Eine ist klein, die andere etwas größer. Beide sind traditionell grün.«

Muddi wirft kurz ein: »Na, also, dass du mir das vorhältst! Grün sind die doch meistens, Laura!« Jetzt macht sie sich wieder ein bisschen größer.

»Du gehst unsicher, so wie immer. Weil du Knieschmerzen hast, aufgrund deiner Arthrose. Es fällt dir schwer, die Beine zu heben. Dein Rollator steht im Schlafzimmer. Den könntest du benutzen, um Dinge zu transportieren oder dich abzustützen. Aber du tust es nicht. Weil es dir peinlich wäre, wenn dich jemand mit diesem Ding sehen würde. So gehst du über den Hof, humpelnd, unsicher, gekrümmt, aber ohne Rollator. Und du stolperst. Über die Tannenwurzel. Einfach so.«

»Gott, Laura!« Muddi spricht mit vollem Mund.

»Und schließlich …«, sage ich, und ich schweige kurz ob der Heftigkeit der Situation, »liegst du da. Die Gießkannen fallen nach links und rechts und du … du kannst nicht mehr aufstehen. Nichts ist da, an dem du dich aufrichten könntest. Dir ist speiübel. Du liegst da, und dir geht es richtig dreckig. Dann musst du dich übergeben: sechs kleine, längst verstorbene Nordsee-Krabben springen aus deinem Mund ... ja, der Salat war verdorben ... du rufst meinen Namen ... Laura ... Lauraaaaa! ... Doch ich treibe mich in Hamburg herum. Gerade wandere ich durchs Alstertal-Einkaufszentrum und sehe mich nach einem BH in Größe 80 D um – was ja auch nicht wirklich einfach ist! Und nachdem du noch ein paar Mal nach mir gerufen hast, bekommst du keine Luft mehr. Deine Lunge – befüllt mit Krabbensalat ›Sylter Art‹ ... dein Herz gibt auf ... nichts geht mehr ... aus ... aus ... auuuus!«

Muddi sitzt wie erstarrt auf ihrem Sofa. Sie möchte gern in ihren Krabbentoast beißen, aber sie kann sich nicht bewegen. Zu groß ist ihr Entsetzen. Zu tief ist sie verletzt. Zu weh tut die Wahrheit.

Ich frage nur: »Ist es das, was du dir vorgestellt hast?«

Noch immer perplex sieht sie mich an. Sie hat ihre Meisterin gefunden. Nur ganz allmählich kommt wieder Leben in sie und ihr Appetit zurück.

Zu dem Thema Geburtstagsfeier sagt sie später ganz sachlich und ruhig: »Ich werde dann in einem Restaurant einen Tisch für meinen Geburtstag reservieren, ja? ... Möchtest du noch Kaffee, Laura?«

Aber es sind noch vier Wochen bis zu diesem besonderen Tag, also gut dreißig Tage, um seine Meinung immer mal wieder zu ändern und alle und jeden um sich herum verrückt zu machen.

12.

»Ich feiere meinen Geburtstag nicht!«

Mit diesen Worten begrüßt mich Muddi eine Woche später.

»Darf ich erst mal reinkommen?«, frage ich. »Und guten Morgen übrigens.«

Wir wollten an diesem Mittwochnachmittag gemeinsam Muddis Geburtstagsfeier planen, aber jetzt fang ich wohl wieder bei null an. Oder … oder … es kommt mir ein verwegener Gedanke. Was wäre, wenn ich auf Muddis Verweigerungshaltung eingehe, ja, es akzeptiere, dass sie nicht feiern will? Im Grunde denken wir alle nach einem Fest mit der buckligen Verwandtschaft doch, dass das eigentlich keiner haben muss.

Muddi sieht mich skeptisch an, als ich schweigend am Esstisch Platz nehme und nach der Kaffeekanne greife.

»Wer will schon zu einer Feier von einer so alten Frau, wie ich es bin. Das ist doch langweilig …«, sagt sie herausfordernd.

Und dann höre ich mich sagen: »Ja, es würde für alle schrecklich langweilig werden, deinen achtzigsten Geburtstag zu feiern. Lauter gelangweilte Menschen an einem Tisch, die sich zum tausendsten Mal dieselben langweiligen Geschichten erzählen! Ja, ich fände es langweilig, ach, mehr als langweilig. Und Laszlo und Philipp würden es auch langweilig finden. Selbst du würdest dich vermutlich langweilen.«

»Gott, Laura! Was redest du da?«, empört sich Muddi.

Weil ich gerade in Fahrt bin, setze ich noch eins oben drauf. »Und weil es für alle ganz fürchterlich langweilig wäre, deinen achtzigsten Geburtstag zu feiern, lassen wir es am besten sein, und jeder kann an dem Tag das tun, wozu er wirklich Lust hat. Philipp trifft sich mit anderen jungen Leuten, Laszlo programmiert seinen Computer neu, ich schreibe ein Buch, und du peitschst deinen Gärtner aus, weil er die Brennnesseln stehen gelassen und deine Nachtviolen ausgegraben und in einen der blauen Müllbeutel gestopft hat.«

Muddis Augenbrauen zucken verdüsternd zusammen, sie wedelt unkontrolliert mit ihren Händen in der Luft herum und fasst sich immer wieder an ihren Dutt, so als wolle sie sich selbst tröstend über den Kopf streicheln. Muddi scheint, sofern ich ihre Körpersprache richtig einschätze, zwischen ohnmächtiger Wut, purer Verzweiflung und größtmöglichem Selbstmitleid zu schwanken.

Aber wie immer, findet sie dann doch noch den Absprung aus der ihr unangenehmen Situation. Wie sich so ein Absprung gestaltet? Na, ganz einfach, Muddi wechselt von einer Sekunde zur nächsten das Thema und tut so, als wäre zuvor alles in bester Ordnung gewesen. Für mich ist das anstrengend und auch verwirrend. Schließlich hatte ich mich gerade auf eine längere Diskussion eingeschossen.

Sie sagt also prompt: »Wo soll ich denn einen Tisch reservieren, Laura?«

»Äh…« Weiter komme ich nicht.

»Bei Jäger's Rast kann ich keinen Tisch mehr reservieren. Da ist ja jetzt ein Chinese drin.«

»Ja, aber …«

»Und Margot mag das da nicht. Ich habe auch keine Lust, mir wochenlang ihren Protest dagegen anhören zu müssen.«

»Dann erzähl es ihr doch vorher gar nicht.« Ich habe die Worte ganz schnell gesprochen, um auch mal wieder einen vollständigen Satz loszuwerden.

»Das muss ich aber, weil sie mich danach fragen wird.«

»Wo willst du denn dann einen Tisch reservieren?«

»Im Fährhaus?«

»Ok. Gute Idee!«

»Aber das wird deinem Bruder nicht gefallen. Er hasst das Fährhaus!«

»Dann in der Mühle?«

»Gott, nee! Da dauert es immer drei Stunden, bis sie das Essen bringen!«

»Wie wäre es dann mit dem Griechen in der Innenstadt?«

»Nee, Heinz verträgt das viele Fleisch nicht.«

»Dann kann er Fisch bestellen.«

»Na, ein wenig Auswahl sei Heinz auch vergönnt!«

»Und der Mexikaner?«

»Da arbeitet eine Kellnerin, die immer ganz fürchterliche Oberteile mit weit geschnittenen langen Ärmeln trägt.«

»Ja und?«

»Das stört mich auch bei Tine Wittler.«

Meine Mutter nimmt eine Tageszeitung, hält sich diese an ihren Unterarm, sodass dieser vom Ellenbogen bis zum Handansatz abgedeckt ist.

Muddi: »Sooo Ärmel trägt die! Ich finde das dermaßen albern … so kann man doch gar nicht arbeiten! Mich würde das fürchterlich stören, wenn ich mit diesen langen weiten Ärmeln arbeiten müsste!«

Ich schweige.

»Und es stört mich erst recht, wenn eine Kellnerin solche Ärmel trägt. Die wollen doch gar nicht wirklich arbeiten. Und dann hängt der Ärmel irgendwann in der Suppe …«

Ich schweige immer noch.

»Ich war mir nie zu schade für körperliche Arbeit.«

Ich lehne mich zurück und sage: »Bestell doch einfach Schnittchen.«

»Um Gottes willen!«

»Und die kannst du mit hochgekrempelten Ärmeln selbst servieren, Muddi!«

»Laura, ich werde achtzig. Da möchte ich bedient werden!«

»Dann serviere *ich* die Schnittchen mit hochgekrempelten Ärmeln.«

»Pffff…!«

Weshalb ist das alles nur so kompliziert? Möchte Muddi einen Tisch reservieren? Oder möchte sie einfach nur stundenlang über alle Eventualitäten reden? Macht es ihr Spaß, zu keinem Ergebnis zu kommen? Nimmt sie sich die Zeit, um mir zu demonstrieren, dass sie in ihrer Familie gefangen ist? Gefangen zwischen den Meinungen der anderen? Dass sie sich besonders viel Mühe gibt, um es allen recht zu machen? Vermutlich ja.

Es sind drei Stunden vergangen, und meine Mutter hat sich noch immer nicht für ein Restaurant entscheiden können, geschweige denn einen Tisch reserviert. Wir haben inzwischen zwei Kannen Kaffee geleert, insgesamt sechs Brötchen mit Krabbensalat »Sylter Art« gegessen, und mein Bauch fühlt sich an, als hätte ich einen halben Büffel verdrückt.

Während ich die Teller zusammenstelle, Muddi das Marmeladenglas, das Nutellaglas und das fast leere Töpfchen Krabbensalat schließt und wir beide alles in die Küche tragen, wird Muddi auf einmal ganz still.

Und dann sagt sie beim Spülen mit wehmütigem Blick auf den Blümchenteller, den sie ins Spülbecken tunkt: »Früher war alles viel schöner.«

Den Satz lasse ich erst einmal so stehen. Was soll ich darauf auch sagen. Ich weiß, dass sie die Zeit meint, als ich noch nicht auf der Welt war, als sie selbst Kind war. Gleich kommen sicher noch ein paar Geschichten aus der Pommernzeit.

»Wenn ich schon daran denke, dass sich zu meinem Geburtstag niemand richtig hübsch anziehen wird, wird mir ganz anders«, sagt sie jetzt und schrubbt den Teller, so als wolle sie das Blümchenmuster abrubbeln.

»Also, ICH werde definitiv nicht in Freizeitkleidung erscheinen!«, sage ich entrüstet.

»Na, du nicht, Laura. Aber die anderen. Immer nur Jeans und Pullover. Was war es schön, damals, als meine Eltern und ich ausgingen. Selbst zum Kaffeetrinken hat meine Mutter sich einen kleinen Hut mit Schleier aufgesetzt! Und ich kann mich noch genau daran erinnern, wie stolz ich auf meine Mutti war. Ich habe sie immer genau beobachtet, wie sie ganz elegant den zarten Schleier anhob, immer mit ihrer linken Hand. Und mit der rechten Hand führte sie vornehm die Kuchengabel an ihre Lippen. Und Handschuhe trug sie auch. Gott, war das stilvoll!«

Jaaa, die Geschichte kenne ich. Gleich wird sie die Musikkapelle erwähnen, die …

»Und eine Musikkapelle, drei, vier Musiker vielleicht, spielte Tanzmusik. Ab und zu standen meine Eltern auf und gingen zum Tanzen auf die kleine Tanzfläche … so wie die anderen Paare auch. Alles war so romantisch und ruhig und gesittet und einfach wunderschön. Heute gibt es so was doch gar nicht mehr!«

Jetzt tut Muddi mir in ihrer Trauer um die verlorene schöne Kinderzeit ein bisschen leid. Auch, weil ich weiß, dass wir so eine Feier, wie sie ihr gefallen würde, in diesem Jahrhundert, an diesem Ort und mit unserer Verwandtschaft nicht Wirklichkeit werden lassen können.

Aber ich nehme mir ganz fest vor, Muddi auf andere Weise ihren Kindheitsjahren wieder näher zu bringen …

Und die Geburtstagsfeier planen wir am nächsten Mittwoch.

13.

»Die sind es alle nicht wert, dass man sie einlädt!«

Es ist so weit: Muddi trägt eins ihrer besten Kostüme, viel Goldschmuck, schweres Parfüm – sie weiß schließlich, was sich gehört, wenn man eine Feier ausrichtet. Ich und meine Familie, mein Bruder und seine Familie, Onkel Heinz und seine Familie, also mit Kindern und Enkelkindern, und Margot, wir alle sitzen an einem großen Tisch im Fährhaus Twielenfleeth, den Muddi nach Rücksprache mit meinem Bruder dann doch noch reserviert hat, und warten auf das Essen. Muddi hat wie Margot Seelachsfilet mit Bratkartoffeln bestellt, ich freue mich auf eine Scholle mit Salzkartoffeln und grünem Salat, und auch alle anderen haben etwas ganz nach ihrem Geschmack à la carte wählen dürfen. Muddi sitzt zwischen Margot und mir, und zu dritt werfen wir erst mal einen Blick in die festliche Runde. Na ja, Muddi ahnte es ja bereits, so richtig schick gemacht sind hier nur Muddi, Margot und ich. Und dann bleibt mein Blick an Udo hängen, der den Platz gegenüber von Muddi hat – *hach, wir hätten doch Tischkärtchen machen sollen*, denke ich. Udo ist der Mann meiner Cousine Irene. Er trägt die ersten fünf Knöpfe seines Hemdes offen, sodass man sehr gut das Tattoo – schwarze Mamba räkelt sich am Ast – auf seiner rasierten Brust erkennen kann. Während ich die Mamba betrachte, stößt Muddi mit ihrem Fuß gegen mein Bein. Auch sie hat die »Auswüchse der heutigen Gesellschaft« im Blick und stöhnt hörbar pikiert auf. Udo prostet uns vergnügt mit seinem Bierglas zu. Auch Muddi und ich heben unsere Gläser. Ein lautes »Pling… puiii… womms…« lenkt die Aufmerksamkeit aller auf den vierzehnjährigen Sohn von Irene und Udo, von dem man nur den langen Pony sieht, weil er die ganze Zeit mit gesenktem Kopf an seiner tragbaren Spielekonsole herumdaddelt.

Die Eltern scheinen die nicht gerade leisen Töne der Ablenkungsmaschine im Taschenformat nicht zu stören. Vermutlich sind sie froh, dass ihr Sohnemann beschäftigt ist … Und Sohnemann ist ebenso froh, dass er sich nicht an einer Unterhaltung beteiligen muss. Eigentlich eine friedliche Lösung.

Neben dem spielesüchtigen Teenager sitzt Tante Else, Muddis Schwägerin. Muddi flüstert mir das ins Ohr: »Else trägt wieder einmal ihr altes Gouvernanten-Kostüm: schwarz, schlicht, nach Mottenkugeln riechend. Dazu ein zierliches Silberkettchen mit einem winzigen Kreuzchen daran.«

Meine Mutter zischt: »Ich glaube, die hat nur diese eine Kette. Die darf gar keinen anderen Schmuck tragen. Für so was gibt Heinz kein Geld aus! Da ist der viel zu geizig!«

Muddi hat in einem Punkt auf jeden Fall recht: Else *gleicht* einer Gouvernante. Nicht nur, weil sie das Gouvernanten-Kostümchen trägt, sondern auch, weil sie wie eine Gouvernante sitzt. Wie sitzt eine Gouvernante? Kerzengerade. Stocksteif. Beide Hände auf dem Tisch ruhend. Muddi besitzt wirklich Menschenkenntnis!

Nicht einmal als das Essen serviert wird, ändert sich Tante Elses Haltung, nur die Hände nimmt sie für einen Moment vom Tisch.

»Guck mal, Laura, die haben Margot und mir die Bratkartoffeln in *einer* Schüssel gebracht«, raunt Muddi mir ins Ohr und greift dann schnell als Erste zu.

Das Essen ist ansonsten schön angerichtet, meine Scholle duftet, alles könnte so schön sein. Wenn da nicht nur diese Musik im Hintergrund liefe. Ich kenne das Stück, das gerade beginnt, noch gut, *Thunderstruck* von AC/DC. Muddi hebt genervt den Kopf. »Das ist ja eine bodenlose Frechheit!«, ruft sie mit Blick auf den Gastwirt.

»Lass doch«, sagt Laszlo grinsend. Mein Mann liebt nun mal das Außergewöhnliche. AC/DC auf einem achtzigsten Geburtstag, ja, das ist genau das, was seine Lebensgeister weckt! Eine willkommene Abwechslung neben dem Duft von Alt-Lavendel und dem obligatorischen Gewühle in den Handtaschen der Silvergeneration … Denn Margot wühlt bereits minutenlang in ihrer Tasche. Neben Margot sitzt mein Sohn. Um seinen Teller herum liegen jetzt diverse Utensilien aus Margots Handtasche: ein besticktes Stofftaschentuch, eine kleine Flasche 4711, ein Überweisungsschein, das Bonusheft ihres Zahnarztes, eine Packung Schmackos, falls sie einem Hund begegnet und diesen füttern möchte, und drei Kugelschreiber. Dann hat sie endlich gefunden, was sie so verzweifelt suchte: Erfrischungstücher mit Zitronenduft! Die Serviette neben ihrem Teller reicht anscheinend nicht aus. Jetzt wischt sie sich ihre Hände mit einem dieser Feuchttücher ausgiebig ab, und spätestens jetzt habe ich kaum noch Appetit auf meine Scholle, weil ich nur noch dieses künstliche Zitronenaroma in der Nase habe!

Ich sehe, wie Philipp flugs ein Foto vom Handtascheninhalt schießt, er postet es bestimmt im Internet. »Was Sie schon immer mal NICHT in Ihrer Handtasche haben wollten!«, könnte er dazuschreiben.

Jetzt steht Muddi unvermittelt und ohne ein Wort zu sagen auf, geht zum Gastwirt, der hinter der großen, altdeutschen Theke aus Eichenholz steht, und spricht angeregt mit diesem. Ob sie sich beschwert, weil für Margot keine Feuchttücher eingedeckt waren? Der Wirt schüttelt den Kopf, aber Muddi rudert mit ihren Armen und redet auf ihr Gegenüber ein. Irgendwas scheint sie auszuhandeln. Aber erst, als er fünf Minuten später mit den Worten »Auf Wunsch einer einsamen Dame« – worüber Muddi, zurück am Tisch, *not amused* ist, was sie durch das extreme Hochziehen einer Augenbraue und ein lautes Stöhnen zum Ausdruck bringt – den Musiktitel Zillertaler Hochzeitsmarsch ankündigt, frage ich mich, was Muddi ihm angedroht hat, falls er nicht spielt, was sie wünscht.

Und dann sehe ich Muddis glänzende Augen und denke: *Jetzt wäre es so weit! Jetzt könnte man durchaus tanzen!* So wie damals, als Muddis Mutti ihren Gatten nahm und sich mit Hütchen und Schleier und Spitzenhandschuhen auf die entzückende kleine Tanzfläche des romantischen Cafés begab, um mit ihm das Tanzbein zu schwingen!

»Na, möchte jemand tanzen?«, rufe ich mutig in die Runde, ernte jedoch lediglich mitleidige Blicke.

Mein Bruder fragt mich: »Das ist nicht dein Ernst, oder?«

Gouvernante Else sagt: »Das wäre mir einfach zu peinlich, Laura.«

Und Onkel Heinz meint: »Ich möchte jetzt einfach nur essen.«

Nun gut, denke ich, 150 Kilo Lebendgewicht wollen halt gefüttert werden … sage es aber lieber nicht. Wahrscheinlich war meine Idee auch zeitlich einfach nicht passend. Wenn meine Familie die Möglichkeit besitzt zu essen, kann selbst der Herr Jauch mit dem Eine-Million-Euro-Koffer in der Hand nicht punkten!

Muddi und Margot geben sich ganz ihrem Seelachsfilet hin. Mit Bratkartoffeln. Ich sehe an den weit geöffneten Augen der beiden, wie sehr sie das Essen genießen.

Margot spricht mit vollem Mund: »Das gab's bei uns zu Hause beinahe jeden Tag!«, und ich frage mich, weshalb dann Bratkartoffeln solch eine Gier wecken?

Margot löffelt sich eine zweite Portion auf den Teller, passt dabei nicht auf, und in einem hohen Bogen springen ein paar der krossen Kartoffeln auf den Boden. Schnell bückt sich Margot und hebt sie auf. An sich ist das ja nett, sie erspart dem Personal die Reinigung der Auslegeware. Doch was dann passiert, soll Gesprächsthema für die nächsten Wochen werden. Zumindest für Muddi: Margot legt die Kartoffeln mit einem Schwupps wieder in die Schüssel zurück, die sie sich gemeinsam mit Muddi teilt …

Muddi sieht das, legt ihr Besteck neben den Teller und beendet ihr Essen. Sie lässt das halbe Seelachsfilet stehen und rührt vor allem keine einzige der Bratkartoffeln mehr an.

Margot fragt noch: »Bist du schon satt, Lisbeth?«

Da antwortet Muddi: »Ich lass mir die Reste einpacken, dann hab ich morgen noch etwas.«

Im Grunde ist für Muddi die Feier damit gelaufen. Die noch folgende gute Stunde Beisammensitzen hätten wir uns sparen können, aber gleich nach dem Essen »Tschüss, wir sind dann mal weg« in die Runde rufen, kann man ja auch nicht.

Am nächsten Tag ist Muddi am Telefon nicht zu stoppen: »Lauraaa! Wie kann man nur auf den Boden gefallene Bratkartoffeln wieder in die Schüssel legen. BAH! Wenn mir der Laden gehört hätte, ich hätte Margot rausgeworfen. Das ist doch kein Benehmen. Und dann muss mir die Kellnerin alle Bratkartoffeln zu meinem Fisch gepackt haben, auch die aus der Schüssel. Ich habe zu Hause sofort alles in den Mülleimer geschüttet! Ich hätte spucken können! Und hast du gesehen, wie Heinz sich über den Schweinebraten hergemacht hat, wie im Krieg, als hätte er monatelang kein Fleisch bekommen. Da hätten wir auch zum Griechen in die Innenstadt gehen können. Ich sage dir, das war meine letzte Geburtstagsfeier! Die sind es alle nicht wert, dass man sie einlädt! Nächstes Jahr feiere ich nicht mehr, das verspreche ich dir …«

Ich wiederum nehme mir umgehend vor, einen Vertrag aufzusetzen. Mit Muddi. Darin wird stehen: »Ich, Muddi, werde zukünftig auf eine Geburtstagsfeier verzichten. Und alle können dann das tun, wozu sie Lust haben.« Einschließlich Muddi, die macht sich dann selbst die Bratkartoffeln, legt eine Schallplatte mit dem *Zillertaler Hochzeitsmarsch* auf, tanzt mit dem Gärtner und raunt ihm ins Ohr: »Die Nachtviolen muss ich Ihnen leider vom Lohn abziehen!«

14.

»Gelsenkirchener Barock stammt aus dem Arbeitermilieu? Hat die Frau sie noch alle?«

Philipp hatte am Montag spontan bei Muddi vorbeigeschaut, worüber sie sich riesig gefreut hatte.

»Oma findet es schön, dass ich jetzt in ihrer Nähe wohne«, erzählte mir mein Sohn danach am Telefon. »Die sieht meinen Auszug ganz cool.«

Wie cool Muddi Philipps Auszug wirklich sieht, erfahre ich, als ich am Donnerstagmorgen mit ihr am Frühstückstisch sitze.

»Wie sind denn Philipps Mitbewohner?«, fragt sie mich, während sie dem Koch im Frühstücksfernsehen zuschaut, wie er einen Salat mit Pinienkernen garniert.

»Beide nett, Muddi«, antworte ich. »Das Mädchen kennt er noch aus der Grundschule, und der junge Mann ist auch ganz lieb.«

Muddi nickt.

»Und wie sieht die Wohnung mittlerweile so aus? Halten die jungen Leute auch alles sauber?«

Ich antworte nicht ganz wahrheitsgetreu: »Ja, da sieht es tipptopp aus.«

Muddis Kaffeelöffel schwingt in ihrer Tasse, sie rührt

und rührt. Noch hört sich das Rühren so an, als klingelten ganz entfernt die Kirchenglocken.

Immer, wenn ich meiner Mutter eine neue Situation erklärt habe, rechne ich im ersten Moment damit, sie würde alles einfach so annehmen, sich ruhig verhalten und mich unterstützen.

Entsteht dann nach der Ankündigung eine Pause, spüre ich – zuerst nur schleichend – ein gewisses Unwohlsein. Eine Vorahnung kommt in mir auf, mein Kopf leert sich. Ich erwarte diverse Einwände, aber noch kann ich sie nicht klar definieren, es ist wie ein Schwebezustand. Dann tut sich verschwommen eine lange Liste vor meinem inneren Auge auf, eine Liste mit einem großen ABER als Überschrift, das ich deutlich erkenne. Ich stelle mich auf »Kampf« ein, und schon folgen auch Muddis erste Einwände, die sich gewaschen haben.

»ABER da hast du sicher nicht richtig hingeguckt. Und die jungen Leute von heute wissen doch gar nicht, was Sauberkeit bedeutet. Von welchem Geld kaufen die denn überhaupt die Putzutensilien? O Gott, die werden doch wohl einen extra Lappen für die Toilette haben. Laura, sag mal, wer zahlt das denn alles? Ich hatte als junge Frau nur fünfundzwanzig Mark Lehrlingsgehalt. Und davon musste ich zwanzig Mark abgeben. Die hat meine Mutter dann auf ein Sparbuch eingezahlt. Von den restlichen fünf Mark konnte ich mir etwas kaufen. Ein Lippenstift hat damals schon fünf Mark gekostet. Wenn ich mir den geleistet hatte, waren die fünf Mark weg, Laura! ICH hätte mir niemals eine eigene Wohnung leisten können! Wer zahlt das denn alles?«

»Wir zahlen die Miete und ein Essensgeld, aber Philipp wird neben der Schule bald auch jobben, Muddi.«

»Das MUSS er auch.«

Jetzt klingt das Rühren von Muddi in ihrer Kaffeetasse wie die Glocke einer Kuh im Garten, die aufgeregt den Weg zurück auf ihre Weide sucht. Dong-dong-dong-dong…

»Ja, Muddi.«

»Und Möbel? Hat er denn wirklich genügend Möbel? Er kann sich schließlich keine *neuen* Möbel leisten!«

»Er hat zwei Kommoden, eine Futon-Matratze …«

»ABER das ist doch kein richtiges Bett!«

»Er liebt es, wie ein Japaner auf dem Boden zu schlafen …«

»Na, ihr müsst es ja wissen.«

»Ja, müssen wir. Nächste Woche will er noch seinen großen Schreibtisch holen und aufstellen …«

»Gott, ist der nicht zu groß für das Zimmer?«

»Nein, Muddi, wir haben schon alles ausgemessen.«

»Dann besteht seine Inneneinrichtung aus einer Matratze, einer Kommode und einem *Schreibtisch*?«

Klong! Klong! Klong! Der Kaffeelöffel am Porzellan hört sich an, als spielte zwei Meter von mir entfernt die Schellenbaumträgerin unseres hiesigen Schützenvereins zum Radetzkymarsch!

»Eben hast du doch selbst festgestellt, dass er sich keine Möbel leisten kann. Er kann schlafen und arbeiten. Matratze und Schreibtisch. Mehr braucht er nicht. Alles ist gut!«

»ABER er braucht doch Stauraum! Ich hab unten im kleinen Zimmer noch ein altes Bücherbord stehen. Und ein Regal aus Opas Zimmer kann er auch haben. Sag ihm das. Er könnte sich das alles ja auch umstreichen. In Weiß.«

»Muddi, Philipp möchte sicherlich keine Eichenholzmöbel besitzen. Er mag's asiatisch. Schwarz. Minimalistisch. Nicht gediegen.«

»Was heißt denn hier gediegen?«

Der Ton des schwingenden Kaffeelöffels schmerzt inzwischen in meinen Ohren.

Ich versuche trotzdem, mich zu konzentrieren, und überlege, wie man den Einrichtungsstil meiner Mutter sonst bezeichnen könnte, wenn nicht als »gediegen«.

Und während ich noch überlege und meine Mutter, gottlob, beleidigt das Rühren einstellt, wird im Frühstücksfernsehen passenderweise ein Beitrag über den sogenannten »Gelsenkirchener Barock« angekündigt! Ist das Zufall? Oder werden wir ausspioniert, und es werden passend zu den Gesprächen in den Wohnzimmern Beiträge eingeblendet? Natürlich nur, um uns an den Sender zu binden.

»Als Gelsenkirchener Barock bezeichnet man vorwiegend wuchtige – meist gebauchte und hochglänzend edelholzfurnierte – ornamentreiche Schränke und Kommoden, wie sie in Deutschland erstmals in den 1930er Jahren und noch einmal um ca. 1950 produziert wurden und populär waren. Gelsenkirchen steht hier stellvertretend für das Arbeitermilieu der deutschen Kohle- und Stahlindustrie im Ruhrgebiet, wo diese Möbel in den Anfängen überwiegend zu finden waren. Die Bezeichnung Barock spielt auf die schwungvolle Üppigkeit und Vielfalt der Formen und Verzierungen an«, erklärt eine junge Frau mit einem Piercing in der Nase dem Moderator ... Sie zeigt auf einen großen Stubenschrank in einem eigens für den Beitrag eingerichteten Zimmer, der dem meiner Mutter verblüffend ähnelt. Ich blicke auf Muddi, auf den Schrank im

Fernsehstudio und auf Muddis Exemplar. Einzig dadurch, dass ich nun mit dem Finger auf ihren Schrank zeige, empört sich meine Mutter, die gerade die Tasse zum Trinken angehoben hatte.

»Gelsenkirchener Barock stammt aus dem Arbeitermilieu? Hat die Frau sie noch alle?«, ruft sie und stellt die Tasse mit einem lauten Scheppern zurück auf die Untertasse.

»Das war der Schrank meiner Eltern! Den haben sie uns geschenkt, als *sie* sich einen neuen leisteten!«

Ich wage zu fragen: »Was hat denn die Tatsache, dass ihr den ollen Schrank von Oma geerbt habt, damit zu tun, dass diese Möbelserie nichts wert war und auch zukünftig nichts mehr wert sein wird?«

O-oh. Es gehört wirklich zur Tragik meines Lebens, eine empfehlenswerte Reihenfolge zu ignorieren: Erst denken, dann reden!

Die Möbelfachfrau im Fernsehen unterstützt zeitgleich meine Dreistigkeiten und gießt ein nicht zu ignorierendes Quäntchen Öl ins lodernde Feuer.

»Die große Beliebtheit dieser Möbel mag unter anderem darin begründet gewesen sein, dass sie die Illusion handwerklicher Gediegenheit vermitteln konnten, was einer vielleicht eher kleinbürgerlichen Sehnsucht nach Tradition, Sicherheit und deutscher Gemütlichkeit entgegenkam.«

Würde ich jetzt den Zustand meiner Mutter mit einem kürzlich eingeschalteten Wasserkocher vergleichen, würde ich sagen: kurz vor dem Überkochen, Schalter müsste jede Sekunde automatisch ausspringen.

»Das ist ja eine bodenlose Frechheit! Illusion? Kleinbürgerlich? Die haben doch überhaupt keine Ahnung.

Wer hat sich denn so was ausgedacht? Diese Frau da ist doch vielleicht gerade mal zwanzig Jahre alt, sitzt selbst in einer kleinen Mietwohnung und hockt auf Holzkisten!«

Ich streue ein: »Oder liegt auf einem Futon ...«

Meine Mutter steht auf, geht zu ihrem Wohnzimmerschrank und reißt die rechte der insgesamt sechs Türen auf und ruft mir entgegen: »Guck dir doch mal den Platz an, Laura! Den *Platz*! Die heutigen Schränke sind doch alle nur dreißig Zentimeter tief!«

»Ich weiß, Muddi ...«, antworte ich jetzt möglichst einlenkend.

»Was passt da alles rein, Laura!«

»Ja, Muddi, deine zwanzig Kaffeeservices und die dreihundert Gläser finden darin Platz, ich weiß!«

»Und ich würde sagen, dass dein Sohn sich solch ein Möbel auch durchaus hinstellen könnte, auch wenn es nicht seinem Stiiiil entspricht!«

»Könnte er, Muddi. Ja, könnte er durchaus ...« Ich sitze ganz steif auf Muddis Gelsenkirchener-Barock-Sessel.

Muddi wandert zum Gelsenkirchener-Barock-Beistellwagen und tippt auf das Gestell.

»Und selbst nach sechzig Jahren kannst du den noch benutzen! Man könnte ihn immer noch zu einer festlichen Tafel dazustellen und Häppchen anbieten!«

Ich verstecke mich hinter der Gelsenkirchener-Barock-Stehlampe mit Samtbommeln und nicke.

»Könnte man, Muddi. Ja, man *könnte*, wenn man denn noch einmal eine große festliche Tafel *anböte* ...!«, flüstere ich.

Schlussendlich springt Muddi trotz ihrer Arthrose beinahe jugendlich zum großen gerahmten Gelsenkirchener-

Barock–Landschaftsbild mit der Ramsauer Kirche und der eingeländrigen Brücke.

Meine Mutter holt ein letztes Mal kraftvoll aus, atmet tief ein, bevor sie sich in einer allerletzten Überzeugungssalve ergießt.

»Und dein Urgroßvater hat sogar ein Landschaftsbild erneuern lassen, weil ihm ein Tier darauf fehlte. Man muss nicht immer alles neu kaufen, Laura!«

Sie setzt sich auf die Lehne ihres Gelsenkirchener-Barock-Sofas.

Ich hake nach.

»Was genau hat er bei dem Bild denn *erneuern* lassen?«, frage ich verwundert.

Muddi setzt ihren mir so bekannten überlegenen Blick auf und antwortet: »Er ließ eine Kuh in die Landschaft malen.«

»Nein …«, sage ich ungläubig.

»Doch. Eine Kuh. Weil sie ihm im Gesamtbild fehlte.«

Ich frage mich nun, wieso meinem Urgroßvater im Gesamtbild eines Ölschinkens eine Kuh fehlte, was der Maler darüber dachte, als er das Tier nachträglich auf seine selbst geschaffene Weide malen musste, inwiefern das auf heutige Zeiten zu übertragen ist und was mein Sohn daraus lernen könnte.

Und dann denke ich, Muddi ist traditionsbewusst und hat einen soliden Geschmack, aber sie ist ganz bestimmt nicht kleinbürgerlich oder Mainstream – und das ist doch eigentlich keine so schlechte Mischung!

15.

»Gott, nun sieh sie dir doch mal an, Laura! Die Heuschrecke ist ja total ausgehungert!«

Sind Sie einer der Zoobesucher, die sich immer schön der Reihe nach, so wie es der Zoobesucherpfad vorgibt, Giraffe, Panther und Erdmännchen ansehen, während sie in ihr mitgebrachtes Wurstbrot beißen?

Nun, meine Familie gehört dieser Spezies definitiv nicht an. Wobei … zur Gattung der selbst schmierenden Wurstbrotfraktion zähle ich mich schon: Meine Familie ist schließlich Weltmeister im Broteschmieren. Und nicht nur darin, sondern auch im Packen von Tüten, Rucksäcken und Reisetaschen, bevor man sich für einen Tag, also vielleicht vier, fünf, sechs Stunden lang auf einen Ausflug begibt.

Ich habe von Muddi gelernt: Verlasse das Haus niemals ohne

Servietten,
einige Dosen Cola,
zwanzig belegte Brote,
ein paar Packungen Wiener Würstchen,
Bifi-Minisalamis,
Erfrischungstücher mit Zitronenduft,
Malblock und Buntstifte (auch wenn die Kinder bereits erwachsen sind, man weiß ja nie …),

eine Tüte Fruchtgummi-Konfekt,
mindestens eine Tafel Zartbitterschokolade
und eine Flasche Parfum (Echt Kölnisch Wasser).

Ich selbst bin über vierzig Jahre alt, mein Sohn wird bald neunzehn. Es sind also bereits einige Jahre ins Land gezogen, in denen meine Familie in schöner Regelmäßigkeit irgendwelche Zoos, Tiergehege oder Wildparks besucht hat. Rechne ich die Ausflüge in meiner Kindheit mit ein, dann kommen ich und Muddi sicher jede locker auf vier-, fünfhundert Zoobesuche; Philipp auf die Hälfte.

Das bedeutet einerseits, dass uns ein Zoobesuch inzwischen nicht mehr wirklich umhaut. Auf der anderen Seite kennen wir uns im Bereich der Zoologie bestens aus!

Säße ich bei Günther Jauch auf dem Kandidatenstuhl, dann wäre es mir schnurzpiepegal, wenn er mir die Eine-Million-Euro-Frage stellen würde – solange sie aus dem Bereich »Tierisches« käme. Dann müsste ich weder das Publikum befragen noch meinen Telefonjoker in Anspruch nehmen.

Denn ich weiß sogar, wo der Grottenolm wohnt! Nämlich in Kroatien, Italien und sogar in Montenegro. Der einzige Mensch, der davon noch wüsste, wäre wahrscheinlich mein Facebook-Freund Sasha Hamovic.

Aber auch nur, weil er mein Freund ist und weil er in Montenegro wohnt und früher mal in Pinneberg gelebt hat, ganz in meiner Nähe und noch wichtiger in Nähe des Tierparks Hagenbeck. Seine Affinität zur Zoologie lässt sich also mehrfach begründen.

Aber ich schweife ab.

Der Grottenolm hat drei Paare äußerer roter Kiemenbüschel am Hals. Selbst das wüsste ich. Nicht einmal den 50:50-Joker könnte man mir abluchsen!

Wenn in der Sendung die folgenden vier Antwortmöglichkeiten erscheinen würden, könnte ich ganz gelassen sagen: »Es ist B, Herr Jauch. Her mit der Million, oder ich vergesse mich ...«

Die Antworten A, C und D würden mich überhaupt nicht irritieren, keine Hinterlist der Studenten, die sich in der Redaktion die Antworten ausdenken, könnte mich aus der Bahn werfen.

Die Eine-Million-Euro-Frage lautete womöglich:

»Die Pädomorphose bezeichnet ...

A) ein sexuell abnormes Verhalten?

B) das Phänomen, dass geschlechtsreife, fortpflanzungsfähige Tiere auch Larvenmerkmale aufweisen und behalten?

C) die unvorteilhafte Veränderung des Verhaltens eines Lehrers im Laufe seiner Beamtenlaufbahn?

D) das klaftertiefe Eindringen des Fußes nach dem wütenden Aufstampfen Rumpelstilzchens?

Meine Antwort würde lauten:

»B! B! BBBBB!!!«

Sie sehen also – Zoobesuche bilden!

Und Sie müssen zugeben, ich habe mir in jahrelangem Training ein wirklich außergewöhnliches Wissen über Tiere – und nicht nur die allgemein bekannten Tiere –

angeeignet, sondern eben auch über so seltene wie den Grottenolm.

Okay, ich finde eine Giraffe immer noch schön. Aber ihr Anblick lässt mich nicht in ekstatisches Anhimmeln verfallen.

Auch ein Haifisch ist ein interessantes Tier. Dennoch klebe ich nicht stundenlang vor der Glasscheibe des Zoo-Aquariums.

Was mich oder meinen Sohn oder auch Muddi immer wieder hierherlockt, ist das Außergewöhnliche, das Besondere, ein Tier, das fasziniert und dich nicht mehr loslässt …

»Lauraaa!«, brüllt mir Muddi aus der Cafélounge des Zoos in Hamburg-Wandsbeck entgegen. »Mami, guck, guck, guuuck!«, ruft mir mein achtzehnjähriger Sohn zu.

Wir haben gerade einen Aquarienbesichtigungsmarathon hinter uns. Alles haben wir gesehen: Muränen, Hammerhaie, Feuerfische, Seepferdchen, Riesenseekrabben, kleine Haie, große Haie, Quallen, Piranhas … alles, alles, alles.

Ich steuere mit dem voll beladenen Essenstablett zum Tisch, an dem Muddi und Philipp auf mich warten. Philipp hatte keine Lust auf das Anstehen in der Schlange an der Kasse und hätte sogar auf das Essen verzichtet, da habe ich mich geopfert. ICH wollte essen und trinken! Dafür hätte ich hier und heute auch noch länger als zwanzig Minuten angestanden. Auf die Idee, sich für seine Mutter anzustellen, ist Philipp nicht gekommen … und ich auch erst jetzt, also zu spät.

Ich stelle das voll beladene Tablett auf den Tisch und setze mich.

Mein Sohn sagt streng: »Also, du musst jetzt endlich mal hersehen, ehrlich!«

»Du glaubst es ja nicht, Laura!«, sagt Muddi und strahlt mich an.

Die beiden blicken auf den Tisch. Genauer gesagt auf eine weiße Serviette, die anscheinend unbenutzt von einem anderen Besucher liegen gelassen wurde.

Und tatsächlich, ich glaube es nicht.

Auf der Serviette sitzt sie, die Attraktion des Tages, die Besonderheit an sich, die absolute Steigerung in der Vielzahl an Tieren, die wir heute bereits gesehen haben!

Auf der Serviette sitzt ein Tierchen. Es hat einen pferdeähnlichen Kopf mit wunderschönen großen Augen. Seine Körperfarbe ist grün schattiert mit einem Hauch von Gelb. Es hat scheinbar unendlich lange Fühler und sechs Beine, von denen zwei sogenannte Sprungbeine sind.

Es ist sicher ein den Vögeln im Tierpark zugedachtes Futtertier.

»Na, Heuschrecki?«, sagt Muddi mit verliebtem Blick.

Und kurz darauf hockt Heuschrecki zwischen:
einem Klecks Ketchup,
zwei Tröpfchen Cola,
einer kleinen Pommes-frites-Stange
und einem Tropfen Kaffee.

All diese Zutaten haben Philipp und Muddi dem grünen Insekt innerhalb von zwei Sekunden kredenzt, noch ehe ich einen Schluck Kaffee getrunken habe.

»Gott, nun sieh sie dir doch mal an, Laura! Die Heuschrecke ist ja total ausgehungert!«

Die Heuschrecke saugt zunächst den Cola-Tropfen auf. Dann sitzt sie wieder reglos da, als würde sie die Ration erst einmal verdauen müssen. Aber Philipp schiebt sie sanft mit dem Zeigefinger zum Ketchup-Klecks. Anscheinend ist Heuschrecki durch eine lange Hungerphase entkräftet und benötigt diese Hilfe – trotz der eben konsumierten Koffeeinmenge.

Auch der Ketchup-Klecks verschwindet nach und nach in dem kleinen Insektenkörper.

Muddi beugt sich über die Heuschrecke und seufzt.

»Alles frisst sie! Gott, das arme Tierchen!«

Mein Sohn fotografiert Heuschrecki mit seinem Smartphone, inmitten der Leckereien. Mit »Insekt in Sekt-, nein: Coke-Laune!« postet er es.

Muddi dreht ihren Stuhl so, dass sie ganz nah vor dem Insekt sitzt und es genauestens betrachten kann.

Dann kramt sie in ihrer Handtasche herum, holt ihre Lesebrille heraus, setzt sie auf und ruft begeistert aus: »Gott, ist die niedlich!«

Ich sitze vor meinem Kaffee und meinen Pommes, auf die ich mich so gefreut hatte.

»Wie dankbar sie ist!«, sagt Muddi. Und dann hält sie meinen Arm fest, mit dem ich gerade drei Pommes mit Ketchup auf einem Essstäbchen in meinen Mund befördern wollte.

»Ob sie auf meine Hand kommt?«, fragt Muddi mich, erwartet aber scheinbar keine Antwort, denn schon streckt sie ihren Zeigefinger aus und hält ihn ganz nah vor die kleine Schrecke.

Wir warten. Ich warte vor allem darauf, dass Muddi meinen Arm loslässt und die Pommes endlich in meinen Mund wandern können.

»Da! Da! Jetzt krabbelt sie auf meinen Finger«, ruft Muddi freudig.

»Da! Da! Jetzt fällt gleich eine Pommes runter!«, rufe ich weniger freudig. Endlich lässt Muddi meinen Arm los, und ich verspeise die frittierten Kartoffelstangen mit einem Happs.

»Ach, guckt doch, sie kommt auf meine Hand! Laura, guck! Gott, wie langsam sie ist. Sie muss total erschöpft sein ...!«

»Ja, Omi, die muss ja auch den ganzen Tag auf der Flucht sein ... bei so vielen natürlichen Feinden in der Nähe. Wahrscheinlich hat sie sich in letzter Sekunde aus einem großen Fressnapf ins Café retten können«, sagt Philipp und nickt mitleidig.

Hmmm... Ich schaue Philipp überrascht an. Dieses fantasievolle Ausgestalten kommt mir irgendwie bekannt vor ...

Während des gesamten Essens betüdeln Muddi und Philipp Heuschrecki. Dann fasst mein Sohn einen Entschluss.

»Wir nehmen sie mit nach draußen.«

Eigentlich wusste ich, dass diese Entscheidung gefällt wird.

Eigentlich.

Ich hatte dieses Wissen bloß nicht ins Bewusstsein aufsteigen lassen.

Und im nächsten Moment wirft sich Muddi ihre Handtasche über die Schulter, umschließt die Heuschrecke mit einer Hand und sieht mich mit entschlossenem Blick an.

»Ja, die Kleine nehmen wir jetzt mit! Draußen haben wir 20 Grad, das wird sie überleben!«

»Ja, nee, ist klar, Muddi. Draußen haben wir 20 Grad, draußen haben wir aber auch Amseln, Meisen, Stare, Elstern und Raben ...«

»Lauraaa!«

Als wir schließlich ein Stockwerk tiefer aus dem Fahrstuhl steigen, sehe ich ein Hinweisschild, dort steht mit dicken, verschnörkelten Lettern geschrieben: »Zur Schlangengrube«. »Haltet Heuschrecki bloß die Facettenaugen zu, sonst bekommt sie einen riesigen Schrecken!«, scherze ich, aber nur zu meiner eigenen Belustigung.

Ich ernte böse Blicke, sehr böse Blicke …

Im Souvenirshop des Tierparks stöbern wir noch kurz zwischen Gummispinnen, asiatischen Perlenhandtäschchen und afrikanischen Aschenbechern mit Elefantenmotiven herum. Muddi raunt Philipp zu: »Sie sitzt immer noch ganz artig und ruhig in meiner Hand!«

Philipp nickt Muddi lächelnd und wissend zu.

Als Muddi dann einen Kugelschreiber mit Tintenfischmotiv kauft und an der Kasse bezahlt, kann sie es sich nicht verkneifen, der Kassiererin stolz ihren kleinen grünen Schatz zu zeigen, ganz kurz nur, damit Heuschrecki nicht flüchtet.

Die Kassiererin sagt freundlich: »Ich kann Ihnen das Tier auch abnehmen und draußen im Park aussetzen!«

»Nein, danke«, erwidert Muddi freundlich.

Und draußen empört sie sich: »Ja sicher, draußen aussetzen wollte sie sie. Pah, die hätte die einfach zertreten! Das hab ich ihr schon angesehen! Für wie doof hält die mich?«

In den kommenden fünfzehn Minuten wandern mein Sohn und meine Mutter vor dem Parkplatz des Tierparks Hagenbeck von Busch zu Busch, von Baum zu Baum, von Beet zu Beet. Ich habe mich derweil auf eine Parkbank gesetzt, esse einen Schokoriegel und beobachte das Treiben …

Endlich einigen sie sich auf einen Platz, der Heuschrecki und ihrem zukünftigen Leben in freier Wildbahn würdig ist.

Muddi ruft ihr noch nach: »Leb wohl, du kleine Süße!«

Und ich … zupfe an den Ärmeln von Muddi und Sohnemann und zeige auf den immens großen Vogelschwarm, der gerade auf den Ahornbaum zufliegt, in dessen Schatten klein Heuschrecki Platz nahm …

»Lauuraaa!«, ermahnt Muddi mich, still zu sein.

16.

»Was ist denn eine Sepa, Laura? Ich kenne nur Sepia!«

Donnerstagmorgen um halb zehn am Wohnzimmertisch meiner Mutter. Ich habe uns gerade von Muddis ungeheuerlich starken Bohnenkaffee nachgeschenkt, als sie den Eingang einer Sparkassen-Broschüre zur Einführung der neuen SEPA-Nummern kommentiert. »Haben die vor, das weltweite Bankengeschäft zu revolutionieren? Das ist ja fast ein Roman, den die verschicken.«

Dann liest sie langsam und auf ihrem Rosinenbrot kauend vor, was ganz oben auf dem ersten Blatt der Sparkassen-Broschüre steht.

»*Was bedeutet SEPA? ...* Ja, ihr Idioten, das wüssten wir wirklich gerne!«

Meine Mutter liebt solche beleidigenden Zwischenbemerkungen, um Unsinniges zu entlarven!

Als ich lediglich mit einer hochgezogenen Augenbraue auf ihren Einwurf reagiere, fährt sie unvermittelt fort: »Was ist denn eine Sepa, Laura? Ich kenne nur Sepia! Das ist doch ein Tintenfisch, oder?«

Ich nicke, während ich Toast mit Camembert kaue.

Muddi nimmt einen Schluck Kaffee und liest weiter: »*SEPA ist die Abkürzung für ›Single Euro Payments Area‹, den einheitlichen Euro-Zahlungsverkehrsraum.*«

Ihr Englisch ist für eine Achtzigjährige, die nur relativ wenig Englischunterricht hatte, erstaunlich verständlich. Zumindest für Personen, die des Deutschen mächtig sind.

Jetzt lässt sie die Broschüre mit einer dramatischen Geste auf ihren Schoß fallen, nimmt die Brille ab, sieht mich dann empört an und fragt: »Was machen nur die Millionen von Menschen, die kein Englisch sprechen? Eine Stimme hat damals gefehlt, Laura, *eine*! *Eine* Stimme mehr, und Deutsch wäre Weltsprache geworden. Dieser eine Mensch ... am liebsten würde ich wissen, wer das war!«

Hartnäckig hält sich nämlich auch in Buxtehude die Legende von *dieser einen fehlenden Stimme*, die dafür sorgte, dass die deutschen Einwanderer in Pennsylvania Englisch lernen mussten – und nicht ihr Deutsch an den amerikanischen Mann und die amerikanische Frau bringen konnten. Zum Wohle der Einbürgerung! Wenn einbürgern, dann richtig, hatte ein gewisser Frederick Muhlenberg 1794 gemeint.

Ich überlege: Wenn die Amtssprache in Pennsylvania Deutsch wäre, hieße das Murmeltier Phil aus Punxsutawney (USA), welches dort jedes Jahr am zweiten Februar den Frühlingsbeginn voraussagt, nicht Phil, sondern vermutlich Hans oder Kurt oder Klaus-Günther!

Das alles – auch den lustigen Namen der amerikanischen Stadt Punxsutawney – lese ich geschwind im Internet nach, nachdem meine Mutter angewiesen hatte: »Kannst du nicht mal kurz in deinem Dings da nachsehen, wer damals gegen unser Deutsch stimmte, und wo der wohnt?«

Es ist erstaunlich: Musste ich mir anfangs noch von meiner Mutter sagen lassen, dass wir »jungen Leute« bereits süchtig nach diesen Smartphones seien (»Lauraaa, nun leg doch endlich mal das Dings beiseite! Ihr bekommt alle noch mal einen dauerhaften Schaden von dem modernen Mistkrams! Und Krebs von der Strahlung!«), so greift sie inzwischen sämtliche Fragen, die sich innerhalb eines Gesprächs mit ihr ergeben – und davon hat sie immens viele – über mein Handy ab!

Doch zurück zu Herrn Muhlenberg!

Der Zeitpunkt dieses geschichtlichen Fauxpas' hatte sich mithilfe einer eifrigen Gerüchteküche in diverse Jahrhunderte und Jahrzehnte verschoben, so wie's grad passte. Deshalb vermutet auch Muddi, dass die Abstimmung »so in den 50ern« des letzten Jahrhunderts stattgefunden haben muss und dieser Herr Muhlenberg gewiss noch unter uns weilt.

Bevor ich sie aufkläre, frage ich: »Und wenn du wüsstest, wo der Übeltäter wohnt, was würdest du ihm dann sagen wollen?« Und ich fordere sie zusätzlich mit einem geübten Blick heraus, der sie unruhig werden lässt: Augen zu Schlitzen formen, Augenbraue rechts heben und anstarren.

Muddi blickt mich an, als wollte sie sagen: »Na, so habe ich es ja nicht gemeint!«, aber in ihrem Inneren bekämpft sie solch eine lapidare Antwort, das sehe ich ganz genau. Wer A sagt, muss auch B sagen, könnte ihr Lebensmotto sein.

Und während sie mit einer Hand in der Luft herumfuchtelt, antwortet sie: »Ich würde ihm sagen, dass durch *ihn* die Engländer ja *gut* weggekommen sind. *Die* brauchen keine erste Fremdsprache als Pflichtfach zu erlernen! Die Deutschen aber schon! Und alle anderen Länder auch! Und überall, wo sie auch hinreisen, also die

Engländer, können sie einfach so drauflosplaudern und jedermann versteht sie. Und ich würde ihm sagen, dass das totaler *Bullshit* ist!«

Bei dem Wort *Bullshit* haut Muddi mit der Faust so fest auf den Marmortisch, dass das Marmeladenglas mit meiner Kaffeetasse kollidiert.

Und mit diesem Faustschlag beginnt mein Hirn etwas auszuspinnen, das ich nicht mehr unter Kontrolle habe:

In meinem inneren Ohr höre ich die Titelmelodie von *Miss Marple*, und ich finde – auch wenn es beinahe beängstigend ist, ohne anwesende Musiker oder ein technisches Medium real klingende Musik zu hören –, dass die Kombination aus Violinen, Cello und Spinett unseren Dialog perfekt untermalt: *Düdeldipdipdüdipdipdüdeldipdipdüdip…*

»Muddi?«

»Ja?«

»*Bullshit* ist englisch.«

Meine Mutter stutzt, überlegt angestrengt, doch ihr fällt nun wahrhaftig keine Ausrede ein, mit der sie ihre Wortwahl entschuldigen könnte.

So zuckt sie nur mit der rechten Schulter, setzt sich wieder ihre Lesebrille auf und liest einfach weiter aus der Broschüre vor.

Natürlich lächelt sie dabei leicht – ich registriere das –, Muddi hat schließlich Humor.

»*Innerhalb der SEPA werden europaweit standardisierte Überweisungen, Lastschriften und Kartenzahlungen angeboten … Langfristig sollen die bisherigen inländischen Überweisungen und Lastschriften durch SEPA-Produkte abgelöst werden.*«

Muddi nickt mir wissend zu, setzt ihre Lesebrille

wieder ab, schenkt sich Kaffee nach und murmelt ein: »Hm …«

Ich denke: *Wow, ich habe eine erstaunlich wissbegierige und aufnahmefähige Mutter, und das in ihrem Alter!*

Gedankenverloren streicht Muddi über die Broschüre. So versunken habe ich sie lange nicht mehr erlebt. Woran sie wohl denkt? Ich genieße unser Schweigen für ein paar Sekunden, aber dann überkommt mich plötzlich große Angst. Auch mir fällt nichts ein, was ich sagen wollte. Muddi und ich haben uns nichts zu sagen? Das kann doch gar nicht sein. Hier stimmt irgendetwas nicht! Gerade als ich rufen will, *Muddi, Muddi, was ist los, warum sprichst du nicht mehr mit mir?*, fragt Muddi: »Muss ich da jetzt irgendwas machen, Laura?« Sie hält die Broschüre kurz hoch. Als würde sie mir drohen.

Düdeldipdipdüdipdipdüdeldipdipdüdip…

»Nein, Muddi, das geht bei der Bank alles automatisch«, sage ich erleichtert über unsere wiedergefundene Sprache und mein multitaskingfähiges Hirn.

»Soll ich die Broschüre abheften?« Muddi hält die Broschüre noch einmal wie drohend in die Luft.

Düdeldipdipdüdipdipdüdeldipdipdüdip…

»Nein, wirf sie weg.«

»Na dann ist ja gut.«

»Hast du schon gehört, dass sich dein Bruder mit den Lüders von nebenan über die Farbe des gemeinsamen Zaunes gestritten hat?«

»Nein, und haben sie sich inzwischen geeinigt?«

»DIE SPINNEN DOCH, so eine dicke Broschüre zu schicken! Wer soll sich das denn durchlesen?«

Okay, das Thema ist noch nicht durch. Zaunfarbe beiseite und Antwort geben.

»Niemand, Muddi.«

»Ich muss die also nicht durchlesen?« Sie hat die Broschüre zusammengerollt und klopft damit gegen die Tischkante. Nicht so hart, dass etwas umfällt, aber in zackigem Takt.

Düdeldipdipdüdipdipdüdeldipdipdüdip…

»Nein, wirf sie weg!«

»Na gut.«

»Hast du schon gehört, dass Rieke im Lotto gewonnen hat? 1 000 000 Euro.«

»Rieke Schmidt? Deren Eltern hatten doch sowieso schon so viel Geld. Es trifft aber auch immer die Falschen …« Am liebsten würd ich Muddi fragen, ob ich jetzt mal kräftig mit der Broschüre auf den Tisch hauen darf. Rieke Schmidt war wirklich die Letzte, der ich so einen hohen Gewinn gönnte. Rieke Schmidt hatte schon im Kindergarten nie etwas von ihren Süßigkeiten abgegeben, obwohl sie tütenweise davon in ihren Latzhosentaschen mit sich herumschleppte.

»Oder muss ich die doch durchlesen?«, fragt Muddi.

»Hä?«, frage ich, während ich vor meinem geistigen Auge Rieke mit ihren stets kupferrot gefärbten langen Haaren in einem riesigen Haufen von Euroscheinen sitzen sehe. Und sie stopft sich die Scheine fröhlich in die Taschen ihres schicken Gucci-Hosenanzugs und in die »New Jackie«-Handtasche mit Goldschnalle und Lederbommeln in der neuen Trendfarbe »*Tangerine dark*«, die an ihrem Handgelenk baumelt. Während Rieke in meinem Kopf »Hurraaa!« ruft, sagt Muddi entnervt: »Na, die Broschüre. Muss ich die nicht ganz durchlesen?« Und zack, wirft sie sie zu mir herüber. Ich kann sie gerade noch abfangen, bevor sie auf meiner halbvollen Kaffeetasse landet.

Düdeldipdipdüdipdipdüdeldipdipdüdip…

»NEIN!«, rufe ich und werfe das Teil, als könne ich mir daran die Finger verbrennen, auf den Sessel am Fenster.

Düdeldipdipdüdipdipdüdeldipdipdüdip…

»Ist ja gut, Laura. Ich wollte ja nur sichergehen …«, sagt Muddi.

Ich versuche, mich zu sammeln und zu beruhigen und vor allem diesen hartnäckigen Ohrwurm loszuwerden, und beginne zu erzählen, dass Laszlo vor Kurzem zweimal bei seinem Zahnarzt war und jetzt ein neues Implantat hat, das auch gut sitzt.

»Schön für ihn«, sagt Muddi. Und schaut mich strafend an. Dabei wollte ich wirklich nicht darauf anspielen, dass sie die letzten beiden Zahnarzttermine, die sie gemacht hat, kurz vorher wieder abgesagt hat und sich seit Monaten mit wiederkehrenden Zahnproblemen so manche Nacht um die Ohren schlägt. Und dann verdüstert sich ihr Blick erst recht. »Nicht, dass mir irgendjemand irgendetwas kann, nur weil ich das Kleingedruckte NICHT durchgelesen habe«, sagt sie. Ich will antworten, öffne den Mund für ein lautes Nein-verdammt-noch-Mal!, aber dann kommt nur dieses stakkatoartige »Düdeldipdipdüdipdipdüdeldipdipdüdip…« aus meinem Mund.

»Also du nimmst mich ja gar nicht ernst«, beklagt sich Muddi. Und entscheidet: »Ich hefte die lieber mal ab. Wer weiß, wozu sie noch nützlich ist.«

Und ich sehe schon die Schlagzeile: *Achtzigjährige treibt fünfköpfige Einbrecherbande mit Sparkassen-Broschüre in die Flucht!*

17.

Shopping de luxe: »Ich war ewig nicht mehr richtig shoppen! Ewig nicht!«

Es ist Montagmorgen und etwas Unvorhergesehenes geschieht: Muddi ruft außer der Reihe bei mir an!

Nachdem sie mir berichtet hat, dass Margot nach ihrer dritten Knie-OP noch besser laufen kann und unverschämterweise meist zehn Schritte vor Muddi in eines der Restaurants, die sie sonntags aufsuchen, schreitet, fragt sie mich: »Sag mal, könnten wir nicht mal wieder in euer tolles Einkaufszentrum fahren und da bummeln gehen? Ich war ewig nicht mehr richtig shoppen! Ewig nicht!«

Ein tiefer Seufzer ins Telefon bekräftigt ihren Wunsch.

»Natürlich!«, rufe ich aus. »Wann soll ich dich abholen?«

Während Muddis Nachdenkpause gehe ich in die Küche, schalte den befüllten Wasserkocher ein und bereite mir einen Cappuccino. Ich kenne das schon, Muddi muss sich bei solch definitiven Angeboten erst einmal geistig sammeln, um dann genauestens zu überlegen, wie sie mir klarmachen kann, dass sie eigentlich gar nicht auf meine Hilfe angewiesen ist.

Sie wird mir außerdem mitteilen wollen, dass es ihr unangenehm ist, wenn ich den weiten Weg zu ihr fahren muss, um sie abzuholen.

Nach dem ersten Schluck Cappuccino plaudere ich einfach drauflos, weil ich hoffe, so um ihre wortreichen Bedenken herumzukommen.

»Philipp hat ja gerade eine Woche Ferien. Er wollte auch mit mir bummeln gehen. Er will sich im Asialaden einen Sack Reis und neue Essstäbchen kaufen. Was hältst du davon, wenn wir zu dritt fahren?«

Ich höre ein Schlürfen. Wie das Schlürfen eines sehr, sehr starken Bohnenkaffees.

»Hm, ja«, antwortet sie zuerst noch zögerlich, sagt aber dann erfreut: »Ja, das wäre schön, Laura.«

»Prima, wann soll ich dich denn abholen? Morgen?« Ich zähle auf den Überraschungseffekt.

»Gott, morgen schon?« Muddis Stimme überschlägt sich fast. Ich höre ein Scheppern, dann ein Stöhnen und anschließend ein Fluchen. Vermutlich ist Muddi etwas runtergefallen, und ihre Knie tun weh, weil sie sich bücken muss.

Dann ist es auf einmal still am anderen Ende der Leitung. Der Überraschungseffekt war vielleicht zu groß.

»Muddi?«, rufe ich. »Muddi? Alles in Ordnung?«

Es raschelt. Dann spricht sie endlich wieder in den Hörer. »Morgen wollte doch der Schornsteinfeger vorbeischauen.«

»Dann hole ich dich übermorgen, und du schläfst danach bei uns.«

Wiederum Geraschel, dann ein leises Scheppern und abermals ein lautes Stöhnen und deutliche Flüche über die Knie. Ich vermute, dass Muddi bereits ihre Handtasche für die Fahrt sortiert und gerade die Nagelfeile oder die Nagelschere aus ihrem Necessaire auf den Holzfußboden gefallen ist.

Im nächsten Moment bestätigt Muddi meine Theorie.

»Oh, du meine Güte, was für ein Zeug in meiner Handtasche ist, die muss ich vorher aber noch aufräumen, Laura! Und packen muss ich …«

»Nun ja …«, erwidere ich, »dafür hast du ja noch zwei Tage Zeit!«

»Ja, ja, aber ich muss dir eines sagen: Ich bin kaum noch in der Lage, das Richtige einzupacken. Das letzte Mal hatte ich vier Kleider und zehn Unterhemden dabei, als ich drei Tage bei euch war. Irgendwie kann ich weder die Mengen noch den Bedarf richtig abschätzen!«

»Hm«, überlege ich laut. »Und was ist daran nun neu? Du hast doch früher, als wir in den Urlaub gefahren sind, auch Kleidung für ein halbes Jahr eingepackt, Muddi. Erinnere dich an die Frage der Pensionspächterin in Bad Reichenhall: »Naaaaa, Frau Windmann, woin's bis Silvester bleim? Jo mei, des freit mi aber scho arg! 's gibt ja a koa Kleidung in Bayern zum kafa…!«

»Ach, Laura, das stimmt.« Meine Mutter kichert, und aufgemuntert durch die Urlaubserinnerungen stimmt sie nun dem kurzfristigen Termin zu. Und mit den Worten »So, jetzt muss ich aber wirklich auflegen und zu packen anfangen!« hat sie auch schon aufgelegt.

Am Mittwochmorgen hole ich zuerst Philipp ab. Er steht mit einer Umhängetasche bereits an der Straße, als ich in der Wohnstraße vorfahre, die er jetzt sein Zuhause nennt. »Hast du auch an alles gedacht?«, frage ich mit Blick auf die locker gepackte Tasche. Philipp stöhnt auf und sagt: »Mist, stimmt. Ich hab die Oropax oben liegen gelassen.«

»Haha«, erwidere ich. »Ich meine, schließlich bleibst

du über Nacht zu Hause, ich meine in deinem früheren Zuhause, also bei uns …«

»Hab alles, wir können los«, sagt er und steigt ein.

Dieses unkomplizierte Reiseverhalten kann er nicht von mir und auch nicht von seiner Großmutter haben.

Wenn Muddi weiß, dass ich komme, hat sie die Jägerzaunpforte, die die Einfahrt zu meinem Elternhaus vom Bürgersteig und Radweg sowie der viel befahrenen Hauptstraße abgegrenzt, bereits geöffnet. Heute nicht. Also muss ich an dem sehr steilen Hang mit fest angezogener Handbremse anhalten, mich aus dem Auto quetschen, denn die Tür kann ich nur so weit öffnen, dass ich so gerade hindurchpasse.

Beim Öffnen der Pforte stoße ich auf die nächste Hürde.

Diese Hürde ist aber nur die Einbildung einer Hürde.

Da mein Vater dem Wunsch meiner Mutter, die Pforte einbruchssicher zu machen – also irgendetwas zu bauen, das abschließbar wäre –, anscheinend nicht wirklich nachkommen wollte, hatte er eine wahnsinnig aufwendige Idee in die Tat umgesetzt: Er bog einen grünen Draht zu einem Kreis.

Dieser grüne Kreis nun wird jedes Mal, wenn Muddi das Haus verlässt oder wieder heimkommt, über die Eckpfosten der beiden Seitentüren gelegt. Ja, *gelegt*.

Genau, Sie stellen sich das richtig vor, ein DRAHT *liegt* als »Sicherheitsschloss« auf der Pforte!

Aber selbst mein Hund könnte diesen Draht abheben.

Muddi suggeriert der Draht – warum auch immer – Sicherheit. Klar, es würde einem Einbrecher auch unglaublich schwerfallen, diesen Draht anzuheben.

Tresor-Kalle würde seinem Kumpel Brechstangen-Willi sicherlich zuraunen: »Oh du meine Güte! Nee, komm, lass uns abhauen, Willi! Die haben hier eine Anlage gebaut, die sich gewaschen hat! Wer weiß, was uns drinnen noch erwartet!«

Nachdem ich also die Pforte geöffnet habe, setz ich mich zurück ans Lenkrad und fahre über den Hof vor dem Haus vor.

Muddi steht weder mit gepackten Koffern vor der Tür, noch am Fenster, noch öffnet sie auf Philipps Klingeln hin.

Ich krame in meiner Tasche nach dem Ersatzschlüssel, stecke ihn ins Schloss und schließe die Tür auf. Einen Spalt breit lässt sie sich öffnen, mehr nicht, denn Muddi hat innen beide Sicherheitsketten eingehängt.

Ich kenne diese Situation sehr gut. Ungefähr bei 70 Prozent meiner Besuche versperren mir diese Sicherheitsketten den Eintritt. Trotzdem macht es mich jedes Mal beinahe wahnsinnig. Vor allem, wenn schon die Pforte geöffnet war und mir signalisiert, dass Muddi mich doch erwartet. Und erst recht, wenn die Pforte verschlossen ist wie heute und man befürchten muss, Muddi ist womöglich gestürzt und liegt vielleicht irgendwo im Haus und kommt nicht allein auf die Beine, hat sich vielleicht etwas gebrochen oder noch Schlimmeres.

Ich stöhne. Philipp stöhnt. Und Philipp klingelt Sturm.

Noch immer regt sich nichts, außer einem frischen Wind, der mein Sommerkleid flattern lässt.

Ich ziehe mein Handy aus der Handtasche und rufe Muddi an.

»Jaaa? Windmann?«, höre ich Muddi.

»Ich weiß, Muddi!«

»Laura?«

»Ja. Machst du bitte die Tür auf? Wir stehen hier unten und kommen nicht rein.«

»Ach Gottchen, ich dachte, ihr kommt erst in einer Stunde! Ich hab eben noch das Bad sauber gemacht und ...«

»Machst du bitte JETZT auf?«

»Ja, Mensch!«

Klack.

Nachdem Muddi aufgelegt hat, brauchen wir lediglich noch zehn Minuten unter dem zugigen Vordach zu stehen, bis sie öffnet!

Eintreten können wir aber nicht so einfach, im Flur stehen zwei kleine Koffer, eine Reisetasche und diverse Tüten mit Zeitschriften, Geschenken für mich und meinen Mann sowie Muddis Handtasche. Philipp und ich laden schon mal alles ins Auto, während Muddi noch schnell die Küche tipptopp und sich frisch macht.

Endlich sitzen wir alle im Wagen. Also anschnallen und abfahren, Alstercenter, wir kommen!

»Ach Laura, ich versteh das nicht! Wieso krieg ich den dämlichen Gurt nicht in das Dings? Guck du doch mal ...!« Bei diesen Worten färbt sich mein Gesicht wie immer für einen kurzen Moment dunkelrot, ich bin mir ganz sicher, dass sie diese Hilflosigkeit nur spielt. Verärgert reiße ich Muddi den Anschnaller aus der Hand und stecke ihn ohne Worte, doch mit einem recht ungemütlichen Gesichtsausdruck in die Halterung.

Muddi sieht mich von der Seite her an.

»Gott! Ich weiß ja, dass ich dich nerve, Laura! Aber komm du mal in mein Alter, dann wirst du merken, dass man solche einfachen Dinge nicht mehr so schwupp-diwupp erledigen kann! Ich bin halb blind, halb taub und halb tooooot!«

Bei den Worten »halb tot« kullert doch tatsächlich eine kleine Träne aus ihrem linken Auge.

Und schon tut meine weibliche Empathie ihr Übriges, und es tut mir mal wieder unendlich leid, wie schroff ich reagiert habe.

Ich streiche ihr über den Arm, und dann starten wir endlich, endlich unsere Fahrt nach Hamburg.

18.

Shopping de luxe: »Weißt du noch, als du damals hier im Stau ganz, ganz nötig zur Toilette musstest ...?«

Trotz des verzögerten Starts ist die Stimmung im Wagen richtig gut. Muddi und Philipp unterhalten sich über den besten WC-Reiniger, den Muddi kennt, und das beste Schwarz-Wäsche-Waschmittel, das Philipp kennt. Dann sagt Muddi, dass Philipp ruhig Musik hören kann, wenn er möchte, und er steckt sich auch sogleich die beiden Stöpsel in die Ohren und lehnt sich vermutlich bei Asia-Pop auf dem Rücksitz zurück.

Das ist der Moment. Ohne mir vorher die richtigen Worte zurechtgelegt zu haben, versuche ich jetzt spontan das zu tun, was mir schon seit Monaten auf der Seele brennt. Ich werde Muddi jetzt beichten, dass SIE die Heldin, die Hauptprotagonistin meines ersten Buches ist!

Eine Zeit lang hatte sie versucht, herauszubekommen, worum es denn in dem Erstlingswerk geht.

»Ach, ich gebe anderen Frauen Tipps für ein harmonisches Familienleben«, hatte ich dann behauptet oder »Ich schreibe über Erziehungsfragen rund um Kind und Kegel« – und ich fand die Verbindung zwischen Kegel und Muddi sogar ganz passend.

»Ach, guck mal!«, ruft Muddi. »Dahinten das Gelände,

wo der Baumarkt steht, da war vor zwanzig Jahr doch mal ein Möbelgeschäft, da haben Vati und ich dein Bücherregal gekauft, das du dir zu Weihnachten gewünscht hast.«

»Ja, kann sein … du, Muddi, ich wollte dir …«

»Gott, siehst du dahinten die Mühle? Ich verachte diese Mühle, Laura! Wirklich, das kann ich so sagen.«

Würde ich die Landfrauen-Butterfahrt-Geschichte von 1984 nicht kennen, ich würde mich fragen, was eine alte Mühle getan haben kann, dass sie so nachhaltig verachtet wird.

Mir ist auch sofort klar, dass ich jetzt erst mal zuhören muss, bevor ich Muddi mein Geheimnis verraten kann. Und da legt sie auch schon los.

»Ich weiß noch, als ich mit deiner Großmutter im Bus der Landfrauen gesessen habe. Und die Vorturnerin rief: ›Hier sehen Sie die Holzmühle aus dem Jahre 1798, bravooo!‹ Und dann fingen sie alle an zu klatschen vor Begeisterung, Laura! Aber ICH habe NICHT geklatscht!«

»Ich weiß.«

»Weil ich es so albern fand!«

»Mhm.«

»Total verblödete Landfrauen.«

»Jaaa.«

Ich überlege, wie ich von verblödeten Landfrauen die Brücke zu meinem Buch über Muddi schlagen kann.

»Ob die gut verdienen, Laura?« Muddi deutet im Vorbeifahren auf den Imbissstand, der kurz vor der Einfahrt zum Jugendgefängnis steht, an dem wir jetzt vorbeikommen. »Das hab ich mich immer schon gefragt! Wer geht denn schon da essen? …«

Oje, bei Anblick der Gefängnismauern sehe ich mich

in Gedanken schon einsitzen, nachdem meine Mutter mich wegen Verleumdung verklagt hat!

»Aber wenn die sich über die Jahre halten, kann es denen sooo schlecht nicht gehen«, beantwortet sich Muddi die Frage selbst.

»Ob die Besucher dort essen gehen?«

»Welche Besucher, Muddi?«

»Von den Strafgefangenen.«

»Kann schon sein.«

»Gott, wie schrecklich. Stell dir vor, dein Kind säße dort ein und du würdest dann da draußen eine Bratwurst essen.«

»Was wäre dann?«

»Also, MIR würde die Wurst nicht schmecken! Oder die Wurst käme mir wieder hoch. Und wie!«

Muddi käme die Wurst bestimmt nicht wieder hoch, wenn sie mich dort einsitzen wüsste, nachdem ich sie und unser Leben in tausendfacher Auflage derart verunglimpft habe ...

Die nächsten Kilometer muss ich mir erst einmal wieder Mut zu sprechen, dass ich doch wirklich nichts Böses getan habe und kein schlechter Mensch bin, nur weil ich gern über Muddi schreibe.

»Ach, guck mal, wie schön das Haus geworden ist. Die haben ja jahrelang daran gebaut«, sagt Muddi, als wir an einem imposanten Einfamilienhaus vorbeifahren.

»Hmmm...«

»Also die Auffahrt und die Erker mit den großen Fenstern, das ist schon beeindruckend.«

»Hmmm...«

»Und zuerst haben sie im Wohnwagen auf dem Baugrund gelebt! Weißt du noch?«

»Ja, Muddi, ich weiß.«

»Die haben alles ganz allein gemacht.«

»Du, ich hab auch was ganz allein gemacht ...«, versuche ich, die Kurve zu kriegen und einen Anfang in Richtung Beichte zu gestalten.

»Musst du da nicht abbiegen? Vorsicht, sonst kriegst du die Kurve nicht.«

»Stimmt, eine Umleitung«, sage ich und muss mich ganz auf die Verkehrsführung konzentrieren, wodurch die Gesprächsführung in Muddis Hand, ähhh Mund bleibt.

»Angefangen zu bauen haben die, als wir noch mit Oma und Opa hier vorbeifuhren! Die haben immer erst wieder neue Steine gekauft, wenn sie das Geld dafür hatten. Die haben bestimmt nicht auf Pump gelebt. Von der Einstellung könnten sich die jungen Leute heute eine Scheibe abschneiden! Immer diese Kredite!«

Im Frontspiegel sehe ich, wie Philipp mir zuzwinkert. Er hat die Ohrstöpsel rausgenommen.

»Du musst Philipp noch mal sagen, dass er bloß nie einen Kredit aufnimmt und sich womöglich hoch verschuldet!«

Philipp seufzt, widmet sich seinem Handy und schreibt diverse SMS. Vermutlich an seine Freunde: »Mache gerade eine Landfrauen-Butterfahrt mit. Die Vorturnerin redet am laufenden Band. LOL!«

»Es muss schön sein, da zu wohnen«, sagt Muddi mit Blick auf Blankenese. Das Weiß der Villen am Strandufer und das Weiß der Segelboote auf der Elbe strahlen im Sonnenlicht zu uns herüber.

»Ja, bestimmt«, sage ich. »So etwas könnte man sich leisten, wenn man einen Bestseller schreibt!«

Wow, denke ich, *geniale Idee!* Mit schnödem Mammon Muddi locken!

»Aber die müssen alle Treppen benutzen, wenn sie an den Strand wollen.«

»Ja, das ist wahr.«

»Was nützt mir dann die eigene Villa und der Strand, wenn ich im Alter die Stufen nicht mehr laufen kann?«

»Ja, das ist auch wieder wahr. Aber wenn man ein Buch sehr erfolgreich verkauft, kann man sich im Alter dann das ebenerdige Haus auf Mallorca oder besser noch in der Schweiz leisten, Muddi!«

»Da verzichte ich dann doch lieber auf Blankenese. Und auf Mallorca kann ich auch verzichten, was soll ich denn da? Da kenn ich doch kein Schwein.«

»Ist gut, Muddi.«

Dann plötzlich sieht sie mich von der Seite her an und fragt: »Was redest du eigentlich andauernd von erfolgreichen Büchern und Bestsellern, Laura?«

Ich schnaufe, denn JETZT ist er da, der Zeitpunkt, sie, die ultimative Minute, in der ich mich offenbaren werde, jetzt oder nie!

»Muddi, ich wollte es dir schon längst erzählt haben: Das Buch, das ich schreibe, handelt von dir. Und von mir in meiner Beziehung zu dir.«

Muddi sieht mich immer noch an und sagt nichts. Ich werfe schnell ein: »Es ist ein lustiges Buch, weißt du? Nicht so ganz ernst zu nehmen, ein wenig übertrieben und zugespitzt an der einen oder anderen Stelle … manchmal auch fiktiv. Also nix Schlimmes!«

Immer noch Schweigen.

Ich blicke kurz zu ihr und sehe ein relativ ausdrucksloses Gesicht. Damit kann ich, ehrlich gesagt, noch schlechter umgehen als mit einem wutverzerrten oder traurigen Gesichtsausdruck.

Ich sehe nun einfach wieder auf die Straße. Dann höre ich meine Mutter sagen: »Na, die Hauptsache ist, ich komme nicht als dumme Kuh oder verblödete Oma rüber. Oder als uralte Schachtel oder Tyrannin.«

»Nein, bei Weitem nicht«, antworte ich.

»Mhm.«

Nach einer Pause sagt sie überzeugend: »Ich werde es nicht lesen.«

»Okay.«

»Oder ich lese es. Und wenn ich es schrecklich finde, verbrenne ich es.«

»Na, eine Bücherverbrennung in Deutschland war schon eine zu viel!«, sage ich streng.

Aber als ich erneut zu ihr hinüberblicke, müssen wir beide grinsen.

Dann reißt uns die aktuelle Verkehrslage aus Muddis Was-wäre-wenn-Plänen heraus.

»Ach du Schande, hättest du mich bloß nicht abgeholt!«

Wir stehen im Stau vor dem Elbtunnel. Grund genug, um sich an ein Ereignis zu erinnern, das ICH wahrlich gern vergessen würde …

»Weißt du noch, als du damals hier im Stau ganz, ganz nötig zur Toilette musstest und in die Tupperbox gepiescht hast, Laura?«

Muddi strahlt mich an.

»Ja.«

Mein Sohn grinst, während er die nächste SMS schreibt. Ich hoffe nicht, dass er seinen Freunden nun ebenfalls von dieser Geschichte berichtet.

»Und bei Ikea hatte ich dich noch gefragt, ob du mal musst!«

»ICH WEISS, MUDDI!!«

»Auch, dass wir dann die Geschirrtücher in die Fenster geklemmt haben, damit niemand ins Auto gucken kann?«

Ich sage nichts mehr. Muddi ist einfach nicht zu bremsen und zählt jede Sekunde meiner damaligen Pein auf.

»Und Philipp war ja erst fünf und hat die ganze Zeit geredet und sich darüber amüsiert! Mensch, Laura: Darüber müsstest du in deinem Buch schreiben! Das wäre doch eine lustige Geschichte!«

Seufz. So wird also mein zukünftiges Zusammenleben mit meiner Mutter laufen. Sie wird ständig meine unangenehmen Erlebnisse, in denen ich wirklich nicht gut wegkomme, in einer Art Ideenkatalog für mein Buch auflisten! Auweia! »Nee du, niemals werde ich darüber schreiben! Glaube mir, das wird nie, nie, nie passieren!«

Muddi fährt unbeeindruckt fort.

»Und dann konntest du nicht mehr pieschen, weil es dir so peinlich war! Und dein Vater hat den alten Ribbeck rezitiert, damit wir alle abgelenkt sind!«

O Gott, ja!

»*Herr von Ribbeck auf Ribbeck im Havelland, ein Birnbaum in seinem Garten stand, und kam die goldene Herbsteszeit, und die Birnen leuchteten weit und breit …*«

Verdammt! Auch SIE kann das Gedicht auswendig! Sie wird ab sofort die Nachfolgerin meines Vaters sein, der damals bei jeder Gelegenheit – und davon gab es seiner Meinung nach viele – diesen Reim zum Besten gab!

»Und als er dann sprach: *Und im dritten Jahr aus dem stillen Haus ein Birnbaumsprössling sprosst heraus. …*

Laura, DA konntest du plötzlich loslassen! Weißt du das noch? Meeensch, da *musst* du drüber schreiben!«

Loslassen ... genau!

Sie lesen ja gerade selbst, dass man als Autorin auch mal loslassen können muss. Muddis Ideenkatalog wurde akzeptiert, so schwer es mir auch fiel. Ich habe die Geschichte über den Elbtunnelstau geschrieben, auch wenn das nun mittlerweile bei der Redaktion und im Lektorat meines Verlags vermutlich der Running Gag ist, wenn jemand auf Tagungen oder Buchbesprechungen auch nur annähernd mehr als ein Glas Wasser getrunken hat.

»Trink nicht so viel, denk an die Windmann und das Geschirrtuch im Fenster, hahaha!«

Ich lasse also los, bis wir im Parkhaus des Einkaufszentrums ankommen. Und ich bete, dass ich heute von weiteren Eingeständnissen verschont bleibe. Aber vielleicht hätte ich an einem der letzten Sonntage auch mal in die Kirche gehen sollen, um vom lieben Gott erhört zu werden.

19.

Shopping de luxe: »Früher bin ich in Pumps und im neunten Monat schwanger durch ganz Hamburg gelaufen!«

Wir steigen aus dem eben im Parkhaus abgestellten Auto.

Philipp und ich werfen unsere Autotüren ins Schloss.

Muddi hat die Beifahrertür weit geöffnet und verweilt noch auf dem Autositz.

»Scheiß Knie!«, hallt es durch die Parkhalle, so laut, dass andere Autobesitzer zu uns herüberblicken.

»Mach doch langsam, wir warten«, sage ich. Ich weiß ja, dass meine Mutter eine weit fortgeschrittene Kniearthrose hat.

Ich weiß aber auch, dass sie sich diesbezüglich nicht von ihrem Hausarzt behandeln lassen möchte. Ich weiß, dass sie sich nicht einmal mit Franzbranntwein das Knie einreibt, weil »das Zeugs ja entsetzlich und widerlich stinkt, Laura!«.

Mein Mitgefühl hält sich also entsprechend in Grenzen. Philipp und ich schauen zu, wie Muddi das Aussteigen für uns zelebriert.

Sie umklammert mit ihrer rechten Hand die Handtasche und den Stockschirm, mit der linken zieht sie sich an der geöffneten Tür hoch.

»Ach, verdammt. Hättest du mich nur zu Hause gelassen. Mit mir ist nichts mehr los, Laura!«, schimpft sie mit mir und mit sich selbst.

Ich sage nichts.

»Es ist wirklich eine Schande. Früher bin ich in Pumps und im neunten Monat schwanger durch ganz Hamburg gelaufen!«

»Na, sieh es doch mal so: DIE zehn Kilo musst du heute nicht zusätzlich mit dir rumschleppen«, sage ich und lächle Muddi milde zu.

Sie steht nun auf beiden Füßen vor dem Auto, wirft mit einem lauten Krachen die Tür zu und zupft sich ihren Trenchcoat zurecht. Dann hängt sie die Handtasche über eine Schulter und weist Philipp an: »Auf dem Rücksitz sind noch mein Stockschirm und der Einkaufskorb, holst du die mal eben raus?«

Philipp tut wie geheißen und reicht ihr beides an.

In dem Korb sehe ich ungefähr zehn transparente Plastikbeutel, wie es sie in der Gemüseabteilung des Buxtehuder Kaufmarktes gibt. Diese Tüten benutzt sie, wenn sie meinem Kindelein kleine Geschenke oder Schokolade in sämtlichen Ausführungen zukommen lässt. Oder auch, wenn sie mir die wöchentliche Ration an Klatsch- und Tratsch-Lektüre mitgibt.

Ich frage: »Wozu willst du die denn mitnehmen?«, und zeige auf die Beutel. »Der Korb ist doch groß genug! Außerdem wollten wir doch bummeln gehen und keinen Großeinkauf starten …«

Muddi reißt Philipp den Korb mit den Tütchen aus der Hand und erwidert lautstark: »Lass mich!«

Wieder hallt es über das Parkdeck im Stadtteil Hummelsbüttel.

Einige Hummelsbütteler blicken forschend in unsere

Richtung, vermuten eventuell eine Muddi-Entführung oder gar eine Muddi-Misshandlung.

Ich lasse sie also, schließe kopfschüttelnd das Auto ab, nehme Muddi dann an die Hand, und zu dritt betreten wir die heiligen Hallen des Alstertal-Einkaufszentrums. Mit Stockschirm, den Muddi sicher als Gehhilfe nutzen möchte. Regnen wird es hier ja wohl kaum.

Erhobenen Hauptes werfe ich dabei den immer noch zu uns starrenden Hummelsbüttelern flugs einen vernichtenden Blick zu.

»Gott, Laura, es ist eine Schande …«, wiederholt Muddi sich.

Zugegebenerweise kommen wir nicht allzu schnell voran, doch Philipp und mir ist das wirklich egal. Wir lieben Muddi, und wenn Muddi heute und in Zukunft nicht mehr mit Pumps durch eine Einkaufspassage spurten kann, tut das dem Vergnügen eines gemeinsamen Ausflugs keinen Abbruch, bei Weitem nicht!

Was dem Vergnügen einen Abbruch tut, sind das ständige Kommentieren der Situation, das Wehklagen und das Missachten der Tatsache, dass wir drei uns hier und heute einfach nur einen schönen Tag machen wollen!

Nachdem Philipp nun Muddi im Schlepptau hat (was verspricht er sich davon? Dass er sie durch die Gänge des Asia-Ladens führen darf?), betreten wir als Erstes eben dieses Fachgeschäft mit einem vielfältigen Angebot an Waren aus Japan, China und Korea. Philipp steuert geradewegs auf ein Regal mit Essstäbchen zu, während Muddi sich bereits beim Betreten des Ladens von seinem Arm losgemacht hat, um neben der Eingangstür Wache zu halten. Gemeinsam mit diversen kleinen »Winkekatzen« aus Plastik, bunt verziert und mit einer Batterie beladen, durch welche jeweils der linke Arm der Tiere in Bewegung gebracht werden kann. Das soll Glück bringen, Reichtum bescheren und die Gesundheit der gesamten Familie beschützen. Zumindest in China. Jetzt seit einigen Jahren auch in Europa.

»Soll ich dir so eine Katze kaufen?«, ruft meine Mutter quer durch das Geschäft.

»Jau, Omi«, antwortet Philipp gedämpft aus einer hinteren Ecke des Ladens.

Muddi legt die Katze in eins der Einkaufskörbchen, die am Eingang stehen und das nun an ihrem Arm hängt. Sie bewegt sich keinen Millimeter von der Stelle, ganz so als würde sie befürchten, nie, nie mehr aus dieser bunten, exotisch duftenden Welt auf dreißig Quadratmetern entlassen zu werden. Gut so, dann kann sie auch nicht allzu viel anstellen oder in ihren Einkaufskorb legen.

Gerade als ich mir verschiedene Teesorten ansehe, ruft Muddi: »Hier im Regal am Eingang sind ganz fantastische Nudelsuppen! Soll ich dir so zehn Stück davon kaufen, Philipp?«

»Jau, Omi«, antwortet Philipp aus einer anderen hinteren Ecke des Ladens.

Ich schaue, wo Philipp steckt, und lasse Muddi vielleicht eine Minute aus dem Blick. Da kommt Philipp mir auch schon mit zwei Paar Essstäbchen und einem kleinen Sack Basmatireis entgegen.

»Ich wäre dann mal fertig …«, sagt er.

Ich nicke, und wir gehen zur Kasse.

Dort erwartet uns bereits Muddi mit ihrem Einkaufskörbchen. Voll beladen.

»Die könnten hier aber auch kleine Einkaufswagen anbieten, findet ihr nicht?«, fragt sie uns.

Und dann legt sie ihre Ware auf den Tisch:

fünfzehn Tütensuppen verschiedener Geschmacksrichtungen,
eine Winkekatze,
zwei blaue Porzellanschälchen,
zwei blaue Porzellanlöffel,
drei Notizblöcke mit dem Motiv einer stilisierten Kirschblüte,
verschiedene Radiergummis in Form von einem Schleierschwanzgoldfisch, einem Fisch-Sushi-Stückchen, eines gefüllten Reisbällchens, eines Pandabären und einer kleinen Geisha.

»Ehm…?« Philipp deutet auf den Einkauf und sieht meine Mutter fragend an.

Die zuckt mit den Schultern: »Ja, Junge, das kannst du alles noch gebrauchen! Und später kannst du das Porzellan und die Katze an deine Enkel verschenken!«

Sagt's und zahlt bei der freundlich lächelnden Asiatin.

Nachdem Philipp den Asia-Laden-Einkauf schnell zum Auto gebracht hat, erreichen wir gemeinsam den unteren Eingangsbereich der Galeria Kaufhof. Wir suchen den Fahrstuhl, da Muddi die Rolltreppen nicht benutzen möchte.

Ich sehe schon die Hinweisschilder, die kleinen Aufzug-Piktogramme, und deute ein paar Mal darauf.

Doch Muddi hat sich bereits von Philipps Hand losgerissen, zeigt mit dem Stockschirm auf einen Verkaufstisch und spurtet wie ein junges Mädchen dorthin, wo Porzellan zu stark reduzierten Preisen auf ihre Käuferin wartet. Allein beim Betrachten der Auslage verfällt meine Mutter in einen regelrechten Begeisterungssturm.

Ich schwöre, sie sieht sich jede Tasse, jedes einzelne Schälchen, jeden Kerzenständer und jedes noch so winzige Porzellanglöckchen auf dem Verkaufstisch an! Und jeden einzelnen Gegenstand bedenkt sie mit einem »Oooh« oder »Aaaah«, und dazwischen ruft sie jedes Mal laut: »Laura, nun sieh doch mal! Ist das nicht ganz entzückend? Soll ich dir das kaufen?«

Ja und: Nein!

Ja, im Grunde sind die Motive dieses Weihnachtsporzellans aus dem letzten Jahr ganz entzückend.

Und: Nein, ich möchte davon nichts!

Ich habe mich von dem Zwang befreit, von teuren Designer-Firmen noch teurere Services besitzen zu müssen!

Ich habe keinen Bedarf mehr, mir zu jeder Geburtstagsfeier und zu jeder anderen Gelegenheit ein Einzelstück aus der Kollektion *Wildrose* zu wünschen, damit mein Geschirr anwächst und letztendlich zuhauf im Wohnzimmerschrank dahindarbt. Und wer hat schon Platz, sich ein extra Weihnachtsporzellan in den Schrank zu stellen? »Nein danke, Muddi. Ich habe genug Geschirr.«

»Ja, aber, solch ein Schüsselchen kann man doch immer gebrauchen!« Sie hält es mir unter die Nase.

»Nee, lass mal. Wir haben zig solcher kleinen Schüsseln.«

»Ja, aber, ihr habt doch nur diese kalkweißen, langweiligen Dinger!«

»Ich mag's kalkweiß und langweilig, Muddi.«

»Früher hattest du auch geblümte Schüsselchen und warst begeistert!«

»Früher hatten wir auch einen Kaiser und waren begeistert, Muddi.«

»Lauuraaa!!«

»ICH MÖCHTE EINFACH NICHT!!«

Hier erschrecke ich mich selbst vor meiner eigenen Stimme und werde durch strafende Blicke anderer Kunden zurechtgewiesen. Pah, darf man nicht mal seiner eigenen Mutter Grenzen aufzeigen?

Ein Herr mittleren Alters mit Vollbart und Sonnenbrille scheint uns zu beobachten. Ich frage mich, ob er eine Augenkrankheit hat und er eigentlich nur in die Luft starrt und gar nichts sieht.

»Den kauf ich dir jetzt aber!«, ruft Muddi, als sie am nächsten Verkaufstisch steht – und meint einen rechteckigen opulenten Weihnachtsteller.

Hilflos sehe ich mich nach Philipp um, der an einem Pfeiler lehnt und in sein Smartphone tippt. Er weiß, sich erfolgreich abzugrenzen und SEIN DING durchzusetzen! Von ihm kann ich noch lernen!

»Guck doch mal, Laura!« Muddi hält den Teller so hoch, dass dahinter nur noch ihr Dutt zu sehen ist.

Ich erkenne unter ihrem Dutt Rentiere, den Weihnachtsmann und unzählige Schneeflocken.

»Ich möchte aber wirklich nicht!«

»Doch! Der Teller ist perfekt für Christstollen! Oder Plätzchen! Oder sogar Gänsekeulen! Einfach perfekt!«

»Aber ich habe doch Servierteller für solche Zwecke, Muddi!«

»Ja, aber, die sind so …«

»Kalkweiß und langweilig?«

»Ja! Und *un*-weihnachtlich!«, ruft sie aus.

Der Herr mit der Sonnenbrille scheint uns langsam zu

umrunden, also ist er zumindest nicht blind, sonst würde er ja irgendwo anstoßen so ganz ohne Blindenhund an seiner Seite. Jetzt fällt es mir wie Schuppen von den Augen, das muss der Kaufhausdetektiv sein. Wahrscheinlich vermutet er, dass wir eine durchtriebene Diebesbande sind, die die Verkäufer durch lautes Gerede ablenkt, um dann Porzellanteller in großem Stil zu erbeuten.

»Un-weihnachtlich? Sieh es doch mal so: Sie sind weiß wie Schnee … weiß wie Eis … weiß wie die Weihnachtsmützenbommel des Weihnachtsmannes …!« Ich rufe das extra laut, um den Kaufhausdetektiv weiter in die Irre zu führen.

Muddi starrt mich an. Und sie geht direkt zur Kasse. Dort bezahlt sie den Weihnachtsteller mit dem bombastischen Motiv, lässt ihn bombastisch einwickeln und stopft ihn mir anschließend einfach in meinen Einkaufsbeutel!

Der Herr mit der Sonnenbrille grinst mir kurz zu, die Sonnenbrille hat er zu dem Zweck abgenommen. Und jetzt stellt sich eine Frau zu ihm, der er von prustendem Lachen unterbrochen etwas erzählt, während er immer wieder auf mich und Muddi zeigt. Die Häme hat aber auch irgendwie reinigende Wirkung.

Ich seufze und resümiere: Ich sollte mich schämen! Ich meine, ein großer Weihnachtsteller von Villeroy und Boch hat seinen Wert, und so manch andere Tochter würde sich ein Loch in den Bauch freuen, würde sie einen solchen von ihrer großzügigen Mutter geschenkt bekommen.

Apropos Loch im Bauch: Wir haben tatsächlich doch noch die nächste Etage erreicht und schlendern auch hier durch die Gänge. Nun gut, wir schlendern durch *einen* Gang. Und wir werden auch *keinen anderen* Gang der Passage mehr erreichen. Ebenso werden wir keine andere *Etage* (es gibt hier drei!) mehr erreichen. Und meine Mutter wird später der absoluten Überzeugung sein, dass dies lediglich an ihren Knieschmerzen lag. Philipp und ich werden dagegen der felsenfesten Überzeugung sein und auch recht darin behalten, dass es an einer speziellen »Gabe« meiner Mutter lag. Der »Hingabe« …

Nachdem wir eine gute halbe Stunde allein in der Villeroy und Boch Abteilung verbracht haben, werden wir die nächste gute Stunde AUSSCHLIESSLICH die Fressmeile rauf- und runterwandern. Denn hier kann Muddi sich kaum von den Auslageflächen des pommerschen Wurstladens losreißen, geschweige denn von den Dutzenden der Torten und Pralinen einer ansässigen Hamburger Konditorei.

Allein der Anblick eines immens großen Windbeutels beschäftigt Muddi FÜNFZEHN Minuten lang!

Wobei sie sich den Windbeutel nicht nur ansieht, sondern das Aussehen ellenlang kommentiert und bespricht. Mit mir, mit Philipp, mit dem Verkäufer, mit anderen Kunden und sogar mit dem Chihuahua eines Kunden: »Ja, nicht? DU würdest den auch gern fressen, niiicht?«

Zu allem Übel hält mein Sohn mit seiner Handykamera fest, was hier geschieht. Er fotografiert die pommersche Leberwurst, kandierte Früchte und drei Torten – Marzipan, Sacher und Schwarzwälder Kirsch – und natürlich den Windbeutel.

Später wird er diese Bilder bei Facebook veröffentlichen: »Megamampf in Hamburg – meine Oma im Konsumrausch!«

In einem winzigen Lädchen mit britischen Geschenkartikeln bestaunen wir echte Lavendelseifen, Stoff-Einkaufsbeutel mit Jagdmotiven, kandierten Ingwer in

Zellophantütchen mit Mohnmotiv, Plumpudding im Glas, Lemongrass-Handcremes und handgeschnitzte Nagelbürsten.

Dann wollen wir endlich unserem wachsenden Hungergefühl nachgeben.

»Dahinten war ein Thai-Imbiss«, sagt Philipp, und wir schlendern zurück.

»Nee, das mag ich alles nicht«, kommentiert Muddi die ausgehängte Speisekarte.

»Aber du hast doch schon ein paar Mal mit uns asiatisch gegessen, und dir hat es jedes Mal geschmeckt! Besonders die knusprige Ente magst du doch gern?«, streut mein Kind ein.

»Ja, aber ich mag diese ganzen Gewürze nicht!« Muddi schüttelt sich. »Und wer weiß, was die da sonst noch alles ins Essen tun.«

Ich schlage vor, beim Bäcker Würstchen im Schlafrock zu essen.

»Davon wird Philipp doch gar nicht satt. Nein, Laura, dein Sohn muss etwas Richtiges essen, der ist schon so dünn!«

»Wie wäre es mit Pizza?«, schlage ich vor.

»Ach nein, das ist ja auch nichts …«

»Richtiges?« Philipp sieht mich an, und ich kann eindeutig hören, wie sein Magen knurrt!

Letztendlich landen wir im Nordsee–Restaurant.

Fisch ist gesund, macht nicht dick, schmeckt ganz vorzüglich, und man hat dann auch »was Richtiges im Bauch«.

An der Bestelltheke hält sich Muddi an Philipps Hand fest. Ich stehe hinter den beiden und betrachte sie: meinen 1,90 Meter großen Sohn, eine Hand in der Hosentasche, seine 1,60 Meter kleine Oma an der anderen Hand. Muddi weist mit der Spitze ihres Stockschirms auf die Speisekarte an der Wand. Hätte ich geahnt, dass der Schirm als waffenartiges Zeigeinstrument dient, ich hätte ihn im Parkhaus zurück in den Kofferraum befördert.

Ein Restaurantbesucher konnte gerade noch ausweichen, beinahe hätte sein rechtes Auge dran glauben müssen.

In meinem Kopf ist kein Raum mehr für lange Überlegungen, was ich essen könnte, ich wähle: Backfischteller mit Kartoffelsalat und Sauce Hollandaise. Punkt.

Philipp hat ebenfalls gewählt: Backfischteller mit Kartoffelsalat und Sauce Hollandaise. Basta.

Muddi überlegt laut: »Backfischteller? Na, ich weiß ja nicht. Welcher Fisch ist denn das?«

Die Verkäuferin auf der anderen Seite des Tresens antwortet freundlich: »Es ist Seehecht.«

»Seehecht? Ach Gott, nee. So was will ich nicht essen.«

Verkäuferin: »Dann nehmen Sie doch das Seelachsfilet in Eikruste mit geschwenkten Rosmarinkartoffeln und Meerrettichsoße!«

Muddi: »Nein, ich habe keine Lust, auf harten Kräutern rumzukauen!«

Verkäuferin: »Wie wäre es dann mit dem gemischten Fischteller und einem Ruccolasalat?«

Muddi: »Ruccolasalat? Na, das macht doch nicht satt!«

Verkäuferin: »Sie können stattdessen auch Bratkartoffeln bekommen.«

Muddi: »Sind die auch nicht zu kross? Ich hasse Bratkartoffeln, die zu kross sind, wissen Sie?«

Verkäuferin: »Machen Sie sich keine Sorgen, die sind bei uns genau richtig!«

Muddi: »*Ich* mache mir keine Sorgen. Die Sorgen müssten *Sie* sich ja machen, wenn sich Ihre Kundschaft an zu krossen Bratkartoffeln die Zähne ausbeißt!«

Verkäuferin (immer noch freundlich zu Muddi, mitleidig zu mir blickend): »Ich kann Ihnen auch Petersilienkartoffeln anbieten. Die sind zart und in Butter geschwenkt.«

Muddi (hebt eine Augenbraue): »Na gut …«

Die Verkäuferin richtet die Teller an.

Muddi kramt in ihrem Portemonnaie. Dann ruft sie mir zu: »Und was wollen wir trinken?«

Ich antworte: »Philipp und ich trinken eine Coke. Und du?«

Muddi blickt auf ihren Enkel, der gerade zwei Gläser mit Cola füllt.

»Immer dies süße Zeugs. Ich guck mal, was die hier noch anbieten.«

Die Verkäuferin hat inzwischen alle drei Teller angerichtet und fragt: »Wie wäre es mit einem schönen Tee?«

Muddi: »Welche Sorten haben Sie denn?«

Verkäuferin: »Schwarztee, Kamille, Grünen Tee, Rotbusch, Chai …«

Muddi: »Chai? Was ist das denn nun wieder??«

Verkäuferin: »Der schmeckt hervorragend, sollten Sie einmal probieren!«

Muddi lässt betont die Schultern sinken. »Nein, nein, danke. Ich nehme eine Cola.«

Pffffffff…

Philipp füllt das dritte Glas.

Die Verkäuferin reicht uns die drei Teller.

Ich stelle erst einmal jeden Teller auf eins der Tabletts, die ich nebeneinander auf der Tablettrutsche vor dem Verkaufstresen platziert habe, und Philipp verteilt die gefüllten Gläser darauf. Dann sondiert er die Lage und entdeckt flugs einen freien Tisch, aber bevor er loseilen kann, erleben wir etwas, das durchaus mit einem Survival Training der Extraklasse zu vergleichen ist.

Muddi versucht, die Tabletts ein Stückchen nach rechts zu schieben, da von der linken Seite andere Gäste nachrücken möchten. Sie versucht es einmal. Noch einmal. Diverse Male. Nichts bewegt sich.

Wir starren auf die Tabletts und die Tablettrutsche. Es rutscht hier absolut nichts.

Der Herr zur Linken verschränkt lässig seine Arme vor der Brust und lächelt überheblich. Zu meinem Bedauern kann ich nicht verstehen, weshalb er das tut!

Noch einmal und mit aller Kraft drückt Muddi die Tabletts nach rechts, sodass die Cola bereits überschwappt.

»Verdammtes Mistding!«, flucht Muddi.

Der Herr zur Linken tippt mir auf die Schulter und sagt: »Nehmen Sie doch einfach mal den Schirm da weg!«

Mein Sohn hat – hier liegt der Vorteil in seiner noch jugendlichen Auffassungsgabe, denke ich – die Lage inzwischen auch erkannt und zeigt auf das Ende der Tablettrutsche.

Muddis Schirm hängt an eben dieser und blockiert das Nachrücken sämtlicher Tabletts!

Durch das ständige Schieben und Drücken hat sich der Griff des Schirms allerdings verbogen, und Muddi, die sich wie in Lichtgeschwindigkeit UND für mich unsichtbar an die Stelle bewegte, reißt jetzt erbost ihr waffenähnliches Zeigeinstrument mit aller Wucht aus der Rutsche …

Was nachfolgend passiert, möchte ich gar nicht ausführlich beschreiben, es ist mir zu unangenehm, an diese

Situation erinnert zu werden, es wühlt mich noch heute innerlich richtig auf.

Ich kann Ihnen nur sagen, dass es bei Nordsee unglaublich saugstarke Servietten, ausreichend große Kehrschaufeln und ganz, ganz reizende und geduldige Mitarbeiter gibt!

Und ich habe wieder einmal etwas dazugelernt.

Ich kann mit Bestimmtheit sagen, dass es mir zukünftig absolut nichts ausmacht, auch nach einem äußerst auffälligen Verhalten in einem Restaurant anschließend – unter den nicht gerade positiv gestimmten Blicken der anderen Gäste und des Personals – noch circa dreißig Minuten zu speisen und so zu tun, als sei nichts geschehen.

Ihnen möchte ich ans Herz legen: Starten Sie eine Petition für stockschirmfreie Restaurants und Ohrstöpsel an jedem Tisch! Cola-Gläser, die auf dem Fliesenboden zerbersten, sind verdammt laut …

20.

Shopping de luxe: »Gott, ich könnte jetzt einfach nur sitzen!«

Philipp, meine Mutter und ich schlendern nach dem tiefgreifenden Erlebnis im Nordsee-Restaurant zur Erholung durch die Gänge eines Einrichtungsgeschäftes.

Seitdem mein Sohn in die Wohngemeinschaft gezogen ist, er ein relativ großes Zimmer besitzt und nach Aussage von Muddi die Einrichtung dort »durchaus noch das eine oder andere i-Tüpfelchen benötigt«, liebt Muddi es, eben solche Tüpfelchen zu kaufen.

Ein liegender Buddha hat es meiner Mutter angetan.

Ich wage zu erwähnen: »Du, Philipp hat doch schon fünf Buddhas und jetzt hast du ihm ja auch eine Winkekatze gekauft ...!«

»Ach Gottchen, wenn er ihn aber doch gerne haben möchte?«

Ich wende mich Philipp zu: »Möchte ER einen sechsten Buddha besitzen?«

Philipp grinst und meint: »Nein, ich glaube, SEIN Bedarf ist gedeckt.«

Muddi seufzt.

Dann entdeckt sie Servietten mit asiatischen Kirschblütenapplikationen.

Schon hält sie zwei Packungen in der Hand.

»Aber die kannst du doch gebrauchen!«, wedelt sie mit den Servietten herum.

»Ich benutze nie Servietten. Mein Besuch im Übrigen auch nicht ...«, sagt er lässig.

Oh, quel horreur!

Meine Mutter zieht die Augenbrauen hoch und schüttelt den Kopf.

Ja, ich ahne was sie denkt: »Etikette kennen die jungen Leute nicht einmal ansatzweise!«

Muddi wird unwirsch und kommentiert ihren Gemütszustand damit, dass sie die beiden Serviettenpakete im hohen Bogen auf den Warentisch zurück befördert.

Zum Glück nur Papier, das durch die Luft und in die Auslage fliegt. Gar nicht auszudenken, wenn es asiatisches Geschirr gewesen wäre ...

Sollte Muddi gleich wieder eine Kleinigkeit für Philipps Inneneinrichtung auswählen, müssten wir eventuell beide Augen zudrücken, und Philipp wird das Geschenk annehmen. Egal, was da komme. Ich zwinkere meinem Sohn zu, und ich glaube, er hat mich verstanden. Er ist ja involviert und kann genau wie ich erkennen, wann man als Tochter oder Enkel mal fünfe gerade sein lassen sollte ...

Prompt stürzt Muddi sich auf das nächste Interieur-Utensil.

Kennen Sie Salvador Dalís Bild mit den fließenden Uhren? Genau solch eine Uhr (in Silber, aus Plastik) hält Muddi gerade in die Höhe und wedelt damit herum.

»Philliiip! Guck mal, ist die nicht toll?«

Mein Sohn blickt hinüber, sieht zu mir, lächelt. Dann vergehen einige Sekunden.

Das Windmann'sche Hirn funktioniert! Ein harmonisches Familienleben hat oberste Priorität! Überwinde deinen Unmut. Sei flexibel – *für* durchweg positive Schwingungen! Erhöhe dein Karma! Sei von deinen eigenen Unwahrheiten überzeugt! Nutze deine emotionale Intelligenz und … zeige deiner Großmutter, in wie vielen Dingen ihr übereinstimmt!

»Oh jaaa…«, höre ich deshalb Philipp über rosafarbene Flokatikissen hinweg rufen!

Mich trifft der Blick einer Siegerin.

Und dann hechtet meine Mutter trotz ausgeprägter Kniearthrose flugs zur Kasse.

»Können Sie die Uhr bitte als Geschenk einwickeln? Sie ist für meinen Enkel!«, sagt sie.

Die Kassiererin nickt lächelnd.

»Er ist von zu Hause ausgezogen, und ich helfe ihm dabei, sein neues zu Hause recht adrett einzurichten!«

Die Kassiererin nickt erneut und sucht gerade ein Schleifenband aus. Sie blickt kurz zu mir und zwinkert mir zu.

»Es wäre schön, wenn Sie die Schleife farblich abgestimmt zum Rest der Verpackung wählen könnten …!«, höre ich Muddi sagen.

Die Kassiererin nickt und tut, was Muddi ihr befiehlt.

Muddi beobachtet und lächelt.

Wissen Sie, es ist im Grunde ja ähnlich wie mit unseren Kindern, wenn sie klein sind.

Oder haben nicht auch Sie die glänzenden Augen ihrer Sprösslinge genossen, wenn Sie ihnen das kitschige SpongeBob-Überraschungsei oder den nach Erdbeere duftenden Radiergummi erlaubt haben?

Irgendwann sollte man einfach über den Dingen stehen und den Siegesrausch, das in die Höhe katapultierte

Selbstbewusstsein und das imaginäre Diktatorentum der Mütter zulassen und genießen!

Irgendetwas wird uns umbringen, später. Lassen Sie es nicht zu, dass Ihre Todesursache ein unerfüllter Einkaufswunsch Ihrer Mutter ist!

Niemals.

Zumal die vorangehende Sterbephase begleitet wird von kommentierter emotionaler Enttäuschung: »Und dabei hatte ich mir das so schön vorgestellt! Die Uhr hätte zu hundert Prozent zu seiner Einrichtung gepasst! Immer hast du etwas entgegenzusetzen. Was ich möchte, interessiert hier ja niemanden! Ich bin so was von enttäuscht, Lauuuraaa!!«

Gefühlte Stunden später drückt Philipp auf den Knopf des Fahrstuhls der Galeria Kaufhof. Wir wollen in den zweiten Stock. Wir haben zwar vor Kurzem zu Mittag gegessen, aber – Sie ahnen es – Muddi ist der Ansicht, ein Stückchen Schwarzwälder Kirschtorte könne durchaus nicht schaden.

Im Fahrstuhl, der gut mit Personen gefüllt ist, drückt meine Mutter auf die ZWEI. Auf der zweiten Etage befindet sich das Restaurant.

Nach einer kurzen Weile macht es »Pling« und der Fahrstuhl hält an, einige andere Kunden steigen aus. Wir auch.

Ich weiß wirklich nicht, wieso meine Familie sich mit Aufzügen nicht so richtig anfreunden kann …

Wir stehen also draußen vor dem Fahrstuhl und sehen: geradeaus diverse Ständer mit rosafarbener Kinderbekleidung, rechterhand ein Regal mit rosafarbener Lillyfee-

Merchandising-Ware, links ein Regal mit Benjamin-Blümchen-Artikeln. Und ganz hinten an der Wand entdecke ich ganz entzückende Hello-Kitty-Kleidchen in Pink.

»Nee«, sagt Muddi. »Nee, hier wollten wir doch gar nicht hin, Mensch! Wer hat denn da so doof gedrückt, sagt mal?«

Ich zucke mit den Schultern, dann drehen wir uns um und steigen wiederum in den Fahrstuhl.

Philipp drückt erneut die ZWEI.

Ein Pärchen mit Kind im Kinderwagen steigt dazu. Die Tür schließt sich. Es ist unglaublich, aber moderne Fahrstühle lassen einen gar nicht merken, dass sie sich in Bewegung setzen!

»Pling.« Die Tür öffnet sich abermals.

Wir steigen aus.

Geradeaus diverse Ständer mit rosafarbener Kinderbekleidung, rechterhand ein Regal mit rosafarbener Lillyfee-Merchandising-Ware, links ein Regal mit Benjamin-Blümchen-Artikeln. Und ganz hinten an der Wand entdecke ich ganz entzückende Hello-Kitty-Kleidchen in Pink.

»Oh verdammt!«, höre ich Muddi fluchen. Es hat eine Weile gedauert, aber dann haben wir den Irrtum doch erkannt.

Philipp, meine Mutter und ich steigen wieder in den Fahrstuhl, zu dem Pärchen mit dem Kinderwagen. Hinter uns betreten noch zwei ältere Herren, die uns freundlich zunicken, den Lift. Muddi kommentiert noch mal unsere Situation: »Das KANN doch gar nicht sein, hört mal! Die beiden Idioten müssen doch eben alle Knöpfe gedrückt haben!«

Ich frage nicht: »Welche Idioten?«

Denn dann würde Muddi entrüstet sagen: »Na, das Pärchen hier hinter uns, Laura! Wer denn sonst?«

Muddi betrachtet mit größtmöglicher Konzentration die Knöpfe mit den Etagenziffern auf der Metalltafel, während sich die Tür schließt.

»Laura, jetzt drück du doch mal auf die Zwei! Guck aber genau hin!« Dabei wippt ihr Zeigefinger in Richtung der Ziffer Zwei.

Ich drücke auf die ZWEI. Das Pärchen und die Herren nicken und lächeln.

Hatte ich schon erwähnt, dass im Aufzug Musik aus einem kleinen Lautsprecher ertönt? Fahrstuhlmusik: eine immer wiederkehrende Melodie, meditative Klänge, Saxophon, Harfe und Cello. Seltsame Kombination, eben Fahrstuhlmusik! Derartig musikalisch in Trance versetzt, erschrickt uns beinahe das nächste »Pling«.

Ich hatte gerade darüber nachgedacht, wie es wohl wäre, wenn der Fahrstuhl stecken bleiben würde und ich eingesperrt mit meiner Mutter, meinem Sohn, einem Pärchen mit Baby und zwei älteren Herren stundenlang einem säuselnden Saxophon zuhören müsste …!

Die beiden älteren Herren nicken uns dieses Mal zum Abschied zu, schieben sich an uns vorbei und steigen zuerst aus. Wir sind mutig und folgen ihnen. Geradeaus diverse Ständer mit rosafarbener Kinderbekleidung, rechterhand ein Regal mit rosafarbener Lillyfee-Merchandising-Ware, links ein Regal mit Benjamin-Blümchen-Artikeln. Und ganz hinten an der Wand entdecke ich ganz entzückende Hello-Kitty-Kleidchen in Pink. Also umgedreht und zurück zu Pärchen und Baby. Und auch die beiden älteren Herren springen noch schnell dazu, also sind wir wieder komplett.

Was soll ich Ihnen sagen? Dass meine Mutter, nachdem wir das Restaurant doch noch erreicht haben und bereits sitzen, noch recht lange ausdiskutieren möchte, warum wir die zweite Etage erst nach mehreren Anläufen gefunden haben?

Dass Muddi auch später noch, sagen wir nach zwei Monaten, ausdiskutieren möchte, weshalb wir immer wieder im falschen Stockwerk ausgestiegen sind?

Nein. Ich erzähle Ihnen lieber, dass wir zweieinhalb Stunden am Tisch des Galeria-Restaurants einfach nur *gesessen* haben.

Meine Familie *sitzt* nämlich gern. Und sie redet gern. Und dabei *sitzt* sie gern. Und sie beobachtet gern andere Menschen. Und dabei *sitzt* sie gern.

Als ich über diesen Tatbestand nachdenke, spricht Muddi es faktisch aus: »Gott, ich könnte jetzt einfach nur so sitzen!«

»Genau!«, sage ich, »Und immer wieder etwas nachbestellen. Noch ein Stückchen Kuchen, eine weitere Tasse Cappuccino oder am besten gleich eine ganze Kanne Kaffee.«

Philipp nimmt das als Aufforderung wahr und geht erneut zum Buffet. Einige Zeit später kommt er mit einem voll beladenen Tablett zurück.

Und so sitzen wir an diesem Tisch, essen Sahnetorte, Windbeutel, trinken Kaffee, Cappuccino, Coke und Wasser und unterhalten uns über die unglaublich dicke Frau mit den ungepflegten Haaren am Nebentisch.

Wir betrachten Fotos auf dem Handy von Philipp, Videos auf meinem iPhone, googeln uns durch die Weiten des Internets … Wie lange brütet eigentlich die Tannenmeise? Wie viele Kalorien hat ein Windbeutel? Wann fand noch mal der erste Flug zum Mond statt? Wie viele UFO-Sichtungen gibt es per anno in Bad Reichenhall, dem Urlaubsort unserer Familie, den Muddi mit Vaddi mindestens fünfzig Mal zusammen besuchten und der mich und inzwischen sogar auch Laszlo immer wieder magisch anzieht? Wir sehen uns das neueste Video von Shinee, einer koreanischen Popgruppe, an.

»Und, in welchen Geschäften ward ihr so?«, fragt mein Laszlo mich am Abend nach meiner Rückkehr.

»Oh, in vielen…!«, antworte ich.

Ich weiß, was Sie denken, und Sie haben recht: Mein Mann wird mich nicht wirklich verstehen. Und deshalb lasse ich ihn in dem Glauben, meine Familie sei im Grunde ganz normal …

21.

»Schwoamas Owi!« Oder auch: »Spülen wir es runter!«

Es ist Donnerstagmorgen, und ich sitze bei Muddi auf dem Sofa. Gerade möchte ich mir eine zweite Scheibe Toastbrot nehmen, als meine Mutter aus der Stube ruft: »Laura? Holst du mal den Fotokoffer aus Vaddis Zimmer?«

Wenige Minuten später sitzen wir beide vor dem geöffneten Koffer und wühlen in der Vergangenheit.

Neben den kleinen quadratischen Schwarz-Weiß-Fotos aus den Fünfzigerjahren, den relativ großformatigen Bildern aus den Neunzigern und den ganz alten, mit Pappe gestärkten Fotografien aus den Jahren vor dem ersten Weltkrieg, entdecke ich trotz Gelbstich relativ farbenfrohe Bilder, die eindeutig darauf hinweisen, dass es sich um Fotos aus den Siebzigern handelt.

Meine Mutter trägt Kleider mit quietschbunten Mustern, die an Pril-Blumen-Aufkleber erinnern, und mein Vater hat dicke Koteletten im Gesicht.

Bei jedem Bild von mir kreischt Muddi vor Freude auf und ruft Dinge wie:

»Gott, guck doch mal, wie niedlich du ausgesehen hast mit deinen Zöpfen!«

»Kannst du dich erinnern, dass ich dir ganz oft Dirndl angezogen habe?«

»Sieh nur: deine echten, roten Haare! Wieso färbst du dir die Haare bloß hellblond? Das Rote steht dir doch sooo gut! Und deine bayerischen Dreiviertelhosen waren totschick!«

Als ich ungefähr zwölf Jahre alt war und alle anderen Mädchen eine Bob-Frisur trugen, moderne Sweatshirts und Jeans, fand ich Zöpfe, Dreiviertelhosen und Blüschen mehr als schrecklich.

Meine Mutter übertrieb es wirklich damit, mir in DEM Alter noch Kleidung aufzudrängen, die sie selbst als Jugendliche vielleicht gern getragen hatte. Ich kann es ihr bis heute kaum verzeihen, dass ich so abartig unmodisch herumlaufen musste.

Ich erinnere mich, als ich mit dreizehn Jahren heimlich (!) die verdammt enge Jeans meines Bruders anzog und mich damit unendlich frei und cool fühlte …!

Die Kleidungsfrage in meiner Jugendzeit ist ein ganz schwarzer Teil meiner Vergangenheit, und ich meine es wirklich ernst: Sollten Sie eine Tochter haben, bitte drängen Sie ihr keine altertümlichen Klamotten auf. Egal, ob es sich um Dirndl oder Öko-Säcke handelt. Oder vielleicht um irgendwelche speziellen Gesundheitsschuhe. Diese Variante einer Übertragung des eigenen subjektiven Modegeschmacks gibt es auch, eine Freundin berichtete mir davon.

Immer wenn ich es heute mal wage, meiner Mutter zu sagen, wie fürchterlich ich in der Schule leiden musste, erwidert sie lediglich so etwas wie: »Na, die Gören hatten ja gar keine Ahnung! Nur weil deren Eltern nicht genügend Geld hatten, um ihnen ein echtes Dirndl zu kaufen. Die waren neidisch und wollten dich ärgern. Da kann man mal sehen, aus was für schrecklichen Familien die kamen, Laura!«

Meine Schulfreundinnen waren alles andere als neidisch, Mitleid mir gegenüber war das vorherrschende Gefühl. Aber es hat keinen Zweck, Muddi ein schlechtes Gewissen einzureden (das müsste sie eigentlich tonnenweise besitzen!): Sie versteht es einfach nicht.

Aber nicht nur mit meiner Mutter hatten mein Bruder Jürgen und ich ein besonderes Kaliber erwischt. Auch mein Vater sorgte für einschlägige Erfahrungen.

Ein Foto zeigt meinen Bruder und mich an einem sonnigen Tag im Hochmoor von Stade. Jürgen ist geschätzte siebzehn Jahre alt, ich bin also sieben. Er trägt schulterlanges Haar, enge Jeans, einen knallroten und ellenlangen Wollschal und einen grünen Parka. Ich trage ein Micky-Maus-Shirt und ein unendlich fürchterlich breites Grinsen im Gesicht. Mein Bruder dagegen blickt jugendlich mürrisch und irgendwie cool.

Gott, wie genervt muss er von seiner kleinen Schwester gewesen sein – aber angemerkt habe ich ihm das nie. Bis auf die Male, bei denen er mir vor Wut mit beiden Händen den Unterarm verdrehte ..., aber das kam nur ganz, ganz selten vor! Jürgen war immer mein großer Beschützer und Held. So wie es eben große Brüder im Allgemeinen sind!

Unser Vater entführte uns beide an den Wochenenden oft in irgendwelche Sandkuhlen, um Steine zu zerschlagen und nach Versteinerungen zu suchen. Jürgen und ich mussten auch tonnenweise Sonnentau im Stader Hochmoor ausstechen, um später festzustellen, dass sich diese fleischfressende Spezies zu Hause auf der Fensterbank nicht allzu lange hält. Aber allein das Füttern der

Pflanzen mit Spinnen, Fliegen und Mücken hat uns so immens viel Freude gemacht, dass sich das Einsacken im Moor, die unzähligen Mückenstiche und Sonnenbrände allemal gelohnt haben!

Ein anderes Foto zeigt, wie ich mich im roten Dirndl in einer Sandkuhle vor einen Autoreifen unseres damaligen VW-Käfers hocke und den Wagen vermutlich gerade mit meinen kleinen Kinderhänden freischaufle. Nicht selten hatten sich bei den Ausflügen mit Vaddi die Räder unseres Wagens im weißen Sand festgefahren.

Auf dem nächsten Bild hocke ich unter einer Felsplatte eines Hünengrabes und grinse dümmlich. Ich weiß nicht, was Ihre Eltern mit Ihnen im Kinderalter unternommen haben, ich jedenfalls besuchte sämtliche jungsteinzeitliche Grabstätten, die es in Norddeutschland so gibt.

»Oh, sieh mal!«, ruft meine Mutter aus und verschluckt sich dabei beinahe an ihrem Kaffee. Sie hält mir ein anderes gelbstichiges Foto vor die Nase. »Da sind wir auf dem Predigtstuhl!«

Ja, ich erinnere mich. Der Predigtstuhl ist ein alpiner Berg in Bad Reichenhall.

Jedes Urlaubsjahr habe ich die Auffahrt mit der Seilbahn gehasst, weil ich jedes Mal Ohrenschmerzen in der Gondel bekam. Der Druckausgleich in meinen Tuben funktioniert halt nicht so, wie er funktionieren müsste. Auch heute noch hasse ich Landungen mit dem Flugzeug, weil ich schlimme Qualen ausstehen muss. Da hilft auch kein Kaugummikauen.

Die Jahre, in denen meine Eltern, mein Bruder und ich Bayern besucht haben, sind gefüllt von Erlebnissen rund um unsere Unfähigkeit, uns den dortigen Verhältnissen anzupassen.

So weist auch das Foto in Muddis Händen darauf hin.

»Gott, hatten wir einen Sonnenbrand auf unseren Nasen! Warte mal ...«

Sie kramt nun in dem Regal unter dem Fensterbrett und findet die Leselupe.

Dann legt sie die Lupe aufs Bild und jubelt beinahe.

»Ha! Hier kannst du ganz genau die rote Nase deines Vaters erkennen!«

Sie schiebt mir das Foto und die Leselupe über den Tisch.

Tatsächlich, Vaddis und Jürgens Nasen leuchten knallrot. Und Muddi zeigt mit dem Zeigefinger eben auf diese Nasen, mit hochgezogener Augenbraue.

Ignoriert hatten wir sie, die Profis der deutschen Gipfelstürmer, die wirklich erfahrenen Bergsteiger, die Elite der Wanderrucksackträger: Sie hatten uns gewarnt!

Muddi spricht in sonorem Ton:

»Mei, ihr miasst eich scho einkrema, wann's nauf gangat! Do drobn is d'Sonn vui stärker!«

Muddi grinst, weil ich jetzt sehr lachen muss.

Sie fährt fort.

»›Was haben die gesagt?‹, hat dein Vater mich dann staunend gefragt, weil er des bajowarischen Dialekts auch nicht nach den vielen Bayern-Urlauben mächtig war! – ›Ach, die spinnen, die Bayern‹, hab ich dann leise geantwortet.« Muddi lacht. »Was hatten wir für einen Spaß!«

Muddi gießt mir noch eine Tasse Kaffee ein, während ich mir das nächste Foto ansehe.

Mein Vater trägt wiederum Koteletten und ebenso wie ich eine Hose mit einem riesigen Schlag: die Siebziger eben!

Erstaunlich und verwirrend an dem Bild ist, dass wir

beide eine Bluse beziehungsweise ein dünnes Oberhemd tragen. Im Hintergrund Gebirge und geschätzte zwanzig Zentimeter Schnee auf dem Boden.

Ich verschränke die Arme, mein Vater wirft einen Schneeball und strahlt.

»Auf dem Großglockner!«, ruft Muddi.

»Nehmt's eich an Pullover mit oder a Jacken!«, mahnte man uns vor dem Ausflug.

Meiner Mutter war jedoch sehr viel wichtiger, den Wagen mit genügend Reiseproviant zu beladen, so hatten wir nur das an Kleidung, womit wir losgefahren waren.

Es kam, wie es kommen musste.

»Ach Laura, nun guck doch nicht so böse! Komm, wir machen eine Schneeballschlacht! Heyyy...!« Und hepp, warf mein Vater den ersten Klumpen, während meine Zähne bei –3 Grad den Zillertaler Hochzeitsmarsch klapperten.

Ich frage mich heute noch, woher mein Vater immer diese positive Einstellung nahm ... Vermutlich hatten ihn die gemeinsamen Ehejahre mit Muddi so werden lassen!

Der Lieblingsspruch von Vaddi war dann auch der folgende: »Zwinge deinen Nächsten, gut zu sein.«

Und so agierte er auch. Das ist vermutlich auch der Grund, weshalb mich heute Menschen, die ich selbst gar nicht kenne, auf meinen Vater ansprechen.

Anscheinend hinterließ er bei seinen Mitmenschen einen komplett positiven Eindruck.

Selbst solche, die allgemein als äußerst mürrisch oder taktlos bekannt waren, scheinen nach jahrelanger Hirnwäsche durch meinen Vater geläutert und schwärmen noch heute von ihm.

Diese Art von Hirnwäsche erfuhr ich auch, als das Foto entstand, das meine Mutter mir gerade vor die Nase hält.

Ich erinnere mich, dass mein Vater hier so etwas sagte wie: »Ach, Laura, sieh es positiv: Deine Lunge ist jetzt freiii!«

Auf dem Foto sind mein Vater, mein erster Ehemann, mein Sohn Philipp und ich zu sehen.

Wir sitzen im Bürgerbräu, einem alten Wirtshaus in Bad Reichenhall.

Alle strahlen, ich weine.

Ich weine nicht deshalb, weil mein Weizenbierglas leer ist.

Ich weine, weil mir mein kredenzter Meerrettich Zunge und Gaumen weggeätzt hat.

»Jo schaun's oba, der Radi is fei scho a bisserl scharf, ge?«, warnte auch hier die Einheimische wohlweislich.

»Nehm's immer nur a bisserl und dringan's glei a Schlückerl Bier no!«

Klar. Scharf. Nachtrinken. Na sicher.

»So ein Quatsch! Normaler Rettich ist doch nicht scharf, wenn man ihn frisch reibt!«, meinte Muddi.

Ich hustete gefühlte zwei Stunden nach dem ersten Bissen.

Und ich weinte noch viel länger.

Mein Resümee: Wissen's, hern's ned af d Muada, hern's auf d'Reichenhaller! Und wann's zu arg brenna duat:

Schwoamas owi!

22.

»Mensch, ist das wieder schön gemüüütlich hier!«

Muddi verbrachte die Wochenenden immer schon gern in Ausflugslokalen. In den Siebzigerjahren, so meine ich, gab es davon sogar noch mehr als heute, damals strömten eigentlich alle Familien mit der kompletten Kinderschar in diese Restaurants und Cafés.

Heute werden die Lokalitäten vermehrt von der nicht zu verachtenden anwachsenden Gruppe der sogenannten »aktiven Rentner« aufgesucht, so kommt es mir jedenfalls vor.

»Aktive Rentner« sind Menschen ab fünfzig (Frührentner werden hier mit einbezogen), die ihre Freizeit nicht nur damit gestalten, zu Hause vor dem Fernseher zu sitzen oder darauf zu hoffen, dass die Enkelkinder alle paar Wochen zu Besuch kommen.

Nein, aktive Rentner verplanen ihre Zeit sinnvoll. Sie verreisen, sie shoppen, sie üben Nebenbeschäftigungen aus, um beispielsweise beim Penny alte Salatköpfe und vertrocknete Blumensträuße für die ansässige »Tafel« einzusammeln.

Im Alten Land, direkt an der Bundesstraße, die ich jede Woche entlangfahre, um Muddi zu besuchen, steht ein Ausflugslokal. Im Grunde ist es ein simpler Bauernhof, der aus dem ursprünglichen Obstverkauf ein ganzes Event-

Management gezaubert hat. Man kann hier inzwischen nicht nur Knubberkirschen, Äpfel und Birnen kaufen, nein!

Alles, alles, was auch nur ansatzweise an Bioware, »Hausmannskost« oder »eigene Herstellung von Hausfrauenhänden« erinnert, wird angeboten.

Regale voller gepökelter Wurstware in allen möglichen Varianten, Quittengelee mit braunem Rohrzucker, Quittengelee mit Rhabarber, Quittengelee mit Chili und Quittengelee mit importierter südkolumbianischer Gewürznelke (gepflückt an einem sonnigen Donnerstagnachmittag, südkolumbianischer Zeit) stehen parat, um von der ausreichend betuchten Rentnerclique gestürmt zu werden.

Neben dem Verkaufsraum befindet sich das Café. Hier kann man Kaffee und Kuchen bestellen und sich dann im großen »Wintergarten« oder auf der »Sonnenterrasse« mit Blick auf den Elbdeich platzieren. Der Deich an sich bietet zwar nicht viel Spektakuläres, aber die im Frühjahr blühenden Kirsch- und Apfelbäume lassen Jahr für Jahr Unmengen an Besuchern das Alte Land belagern, was dazu führt, dass *ich* bei meinen Muddi-Besuchen kaum schneller als 30 Stundenkilometer fahren kann.

Diverse Audi 80 und Achtzigerjahre-S-Klasse-Benz mit umhäkelter Klopapierrolle oder Wackeldackel auf der Heckablage schleichen vor mir auf dem Obstmarschenweg gemütlich vor sich hin.

Die grau gelockte Beifahrerin im Wagen vor mir zeigt auf die Reihen blühender Obstbäume und der Vaddi am Lenkrad bremst abrupt, um anschließend mit Tempo 30 seiner Gattin einen Blick auf die rosafarbenen Kirschblüten zu ermöglichen.

Alle, die zu dem besagten Ausflugslokal fahren, kommen aber auch, um möglichst viele der köstlichen und immens großen Tortenstücke zu vertilgen. Muddi und ich bringen es an guten Tagen auf drei Stücke. Und wenn wir dort sind, muss Muddi immer an früher denken, unsere »gemüüütlichen« Ausflugsfahrten. Das Wort »gemüüütlich« war für meine Eltern das Synonym für unser erfülltes Familienleben.

»Gemüüütlich« setzten wir uns an den Mittagstisch. Gemüüütlich fuhren wir Fahrrad.

Gemüüütlich saßen wir vor dem Fernseher, wenn wir Sonntagmittag *Im Reich der wilden Tiere* sahen. Und gemüüütlich nahmen wir im Auto Platz, wenn wir zu einem der auserkorenen Ausflugslokale fuhren. Der Kofferraum von Vaddis altem Audi 100 wurde mit Rucksäcken und Jacken gefüllt, und Muddi, mein Vater, mein Bruder, meine Großeltern und ich quetschten uns eben ganz »gemüüütlich« auch noch hinein.

Ich selbst habe ehrlich gesagt nur wenig exakte Erinnerungen an die Zeiten damals. Manchmal habe ich den Eindruck, ich war mindestens bis zu meinem zwanzigsten Lebensjahr auf einem anderen Planeten oder in einer Parallelwelt unterwegs. Mein Geist muss sich in dieser Zeit immer mal wieder irgendwo ganz anders ausgeruht haben. Ich weiß nicht wo, und ich weiß auch nicht warum. Es muss so sein, denn andere Menschen können sich an weitaus mehr Erlebnisse aus ihrer Kindheit und Jugendzeit erinnern.

Die meisten Erinnerungen, die ich abgespeichert habe, existieren vermutlich nur, weil meine Mutter sie mir immer wieder gebetsmühlenartig in regelmäßigen Abständen aufzählte.

Wenn ich es mir recht überlege, könnte es durchaus sein, dass ich rein gar nichts erlebt habe und meine Mutter mir alles nur – wie im Film *Total recall* – als Erinnerung eingepflanzt hat! Ein erschreckender Gedanke, ich werde ihn sofort wieder verwerfen …

Auch heute noch berichtet Muddi über all die Erlebnisse, die ihrer Meinung nach erinnerungswürdig sind. Es sind nicht nur Erlebnisse aus der gemeinsamen Vergangenheit, die auf der Liste der Geschehnisse stehen, sondern ebenso Muddis Kindheitserinnerungen.

Und auch, wenn sie diese bereits einige hundert Mal in Worte gefasst hat: In schöner Regelmäßigkeit werden sie immer tiefer in mein Gehirn gemeißelt.

Das Appelbeck am See etwa liebten wir Kinder besonders, denn man hatte im Lokal an den großen Fenstern besten Ausblick auf die Karpfenteiche. Sagt Muddi. Da es die Teiche heute auch noch gibt, scheint zumindest der letzte Teil von Muddis Erinnerungen wahr zu sein.

»Mensch, ist das wieder schön gemüüütlich hier!«, rief Muddi jedes Mal, wenn wir an einem der Holztische Platz genommen hatten. Bestimmt rief sie das, denn das tut sie heute ja auch noch, wenn wir irgendwo einkehren.

Bei all den unverlässlichen Erinnerungen und blinden Flecken gibt es eine Erinnerung, auf die ich lieber verzichten würde: mein Appelbeck-am-See-Kindheitstrauma, das Muddi stets mit einer laxen Handbewegung abtut … und alle, alle Nachkommen sollen denken: »Unsere Urahnin war ein dusseliges Kind!«

Damals verhielt es sich so: Mein Vater hängte nach der Ankunft im Gasthaus fein säuberlich unsere Mäntel an die Garderobe – wir alle trugen damals Mäntel, die Erwachsenen Mäntel aus feinem Zwirn, mein jugendlicher Bruder einen Trenchcoat und ich ein original Hamburger Mäntelchen in Hellblau, mit dunkelblauen Stoffknöpfen. Meine Mutter kaufte Kleidung grundsätzlich in Hamburg ein. »In der Provinz gibt's nur Schund«, pflegte sie stets zu sagen.

Und ich selbst finde es auch immer noch weitaus attraktiver, ein Restaurant im Trenchcoat anstatt mit einem Blouson zu betreten. Hier hat die Erziehung wirklich Früchte getragen!

Nachdem wir alle an einem der Holztische Platz genommen haben und Muddi gerufen hat: »Mensch, ist das wieder schön gemüüütlich hier!«, steckten die Erwachsenen ihre Köpfe in die Speisekarte. Bis auf Muddi, die sich ihre Handtasche schnappte und meiner Oma zuraunte: »Ich geh schnell die Nase pudern. Bestellt für mich ein Kännchen Kaffee Haag und ein Stückchen Sachertorte!« Und schon war sie, eine schicke Erscheinung in Flanellrock, Twinset und Perlenkette, fort.

Muddi ließ immer die anderen bestellen.

Hatte ich mir als Kind natürlich keine Gedanken über diesen Umstand gemacht, vermute ich heute beinahe, dass meine Mutter sich beim CIA ein kleines Zubrot verdiente!

Zuzutrauen wäre es ihr durchaus, und ich stelle sie mir vor, in den Nasszellen diverser Ausflugslokale, wie sie aus ihrer Handtasche den kirschroten Lippenstift zückt, ihn aufdreht und dann hineinspricht: »Hier ist Mummy Ruthless … keine Hinweise auf Anwesenheit von Väterchen Frost. Melde mich wieder, wenn Blagen *outdoor* verweilen. *Over and out!*«

Noch war ich von meinem Appelbeck-am-See-Kindheitstrauma ein dickes Kuchenstück und zahlreiche Zeichenblätter, die mein Vater mit mir anfertigte, entfernt. Zu Hause bei meiner Mutti im Sideboard liegen noch heute einige dieser Bilder, auf denen mein Vater und ich utopische Landschaften mit noch utopischeren Tieren aufs Papier gebracht hatten. Elefanten mit Hasenohren, Mäuse mit extrem langen Eckzähnen und Raupen, die stelzenartige Beine trugen. Manche dieser Tiere »leben« in papiernen rosafarbenen Tälern, zwischen blauen Bäumen und Palmen, an deren Wedeln kleine flauschige Hunde wachsen. Ja, mein Vater prägte meine Kreativität, und dafür bin ich ihm heute noch dankbar!

Doch ich schweife schon wieder ab. Das gar nicht lustige Kindheitstrauma hatte sich nach einer dieser lustigen Zeichensessions ereignet. Und zwar an einem der Karpfenteiche, an deren Ufer ich stehen durfte, um die Fische zu füttern, wofür meine Mutter extra Brot von zu Hause mitgebracht hatte.

Und ich war eine begeisterte Fischfütterin!

Ich war so begeistert, dass ich mit einem für mein zartes Alter von rund sechs Jahren großartigem Schwung die Brotbröckchen warf.

Hier geschah nun das, was meine Mutter mir noch heute, achtunddreißig Jahre später, zu jeder sich bietenden Gelegenheit vorhält: »Du hast dein entzückendes kleines Korallenarmband im Karpfenteich versenkt!«

Grand catastrophe!

Ich selbst hatte das Armband noch fliegen sehen, und es war selbst in der Luft noch ein wunderschöner Anblick. In diesem Moment spürte ich noch rein gar nichts Traumatisches.

Muddi aber starrte mich fassungslos an und brüllte in einem mir bis dato völlig unbekannten und unmenschlichen Ton: »LAURAAA!!!«

Heute glaube ich, sie wollte, dass ich hinterherspringe.

Mein Bruder, damals sechzehn Jahre alt, tigerte aufgeregt am Ufer des Teiches auf und ab und rief: »Ich hol's wieder raus!« Todesmutig war er zu allem bereit.

Jetzt kam auch wieder Leben in meine Mutter, wohl das Leben, das inzwischen ganz aus mir entwichen war, denn ich konnte mich nach Muddis traumatischen Brüllangriff nicht mehr bewegen.

»Wo ist es denn genau gelandet?«, fragte Muddi meinen Bruder.

Mein Bruder zog sich bereits die Schuhe aus.

Mein Vater schlug sich die Hand an die Stirn und rief: »Ihr seid nicht dicht …!«

Mein Großvater brach einen Ast aus einem Holunderbusch heraus, stellte aber fest, dass dieser unglaublich dünn und biegsam war. Daraufhin warf er ihn enttäuscht wieder fort und begnügte sich mit dem Beobachten des weiteren Geschehens.

Muddi und Jürgen sind im Grunde wie aus einem Holz geschnitzt. Ihre Begeisterung, aus scheinbar aussichtslosen Situationen doch noch ein Happy End zu basteln, ist den zweien unglaublich wichtig.

Hätte es damals schon Smartphones, integrierte Kameras und Youtube gegeben, wäre die Verfilmung und Online-Präsentation der Armband-Rettungsaktion sicherlich mit fünf Millionen Klicks belohnt worden.

»Links neben dem mittleren Seerosenblatt schimmert etwas!«, rief mein Bruder auf einmal.

»Dann könntest du mit zwei Schritten das Armband erreichen!«, dirigierte meine Mutter.

Mein Vater und meine Oma hatten es sich mittlerweile auf einer Bank am Uferrand »gemüüütlich« gemacht und nahmen mich, ein verschrecktes Häufchen Elend, auf den Schoß.

Mein Großvater unterhielt sich mit einem Spaziergänger, der uns nicht viel Hoffnung auf eine glückende Bergung des Armbands machte.

Mit hochgekrempelten Hosenbeinen stand mein Bruder neben dem besagten Seerosenblatt und schaute ins Wasser. Die Bedenken meiner Oma, die von Weitem darauf hinwies, dass er eine weiße Jeans trage, ignorierte er.

Meine Mutter reichte Jürgen mit weit ausgestrecktem Arm den Stockschirm meiner Oma und meinte freudig: »Meeensch, was für ein Glück, damit kannst du es herausangeln, wenn du es gefunden hast!«

Meine Oma gab mir inzwischen ein Stückchen von der Zartbitterschokolade, die sie aus ihrer Handtasche gekramt hatte. Die Schokolade schmeckte nach 4711, aber das machte mir nichts.

Die Karpfen, die sich in dem kleinen Tümpel aufhielten, umzingelten meinen Bruder. Sie waren zahm, sie waren hungrig und recht dreist.

Muddi rief verzückt: »Gott, nun seht euch doch mal die zahmen Tierchen an! Gott, guckt doch mal!«

Und gerade, als mein Bruder sich bückte, um im schlammigen Wasser noch die Spitze des Stockschirms erkennen zu können, schoss der wohl größte Karpfen, den es hier gab, vor seiner Nase aus dem Wasser und mein Bruder landete vor Schreck im Teich. Ich leite hier jetzt direkt folgende Grundsatzregeln ab:

Man sollte mit weißer Kleidung nicht einmal den 25-Karat-Brillantring der Erbtante aus einem Karpfentümpel retten wollen!

Man sollte Kinderarmbänder an das vorhandene Handgelenk anpassen.

Man sollte dazulernen und Kinder zukünftig keine Fische füttern lassen, wenn das Armband zu locker am Handgelenk sitzt.

Meine Familie lernte NICHT und NIE dazu.

Ich schwöre es: In fünf weiteren Karpfen- und Forellenteichen habe ich Korallen-, Granat-, Perlen- und Aquamarinarmbänder versenkt.

Gaaanz »gemüüüütlich« natürlich!

Ich frage mich manchmal, ob es auch heute noch Familien gibt, die mit Kind und Kegel irgendwelche Waldcafés oder Restaurants am See aufsuchen und dort gemeinsam ihre Wochenenden verbringen. Noch fraglicher ist es für mich, ob es heutzutage noch solche Familien wie die unsere gibt, die derart eigen und autark sind. Die nicht nur, weil »man« es ja so macht, ein Eis und eine Tasse Kaffee verkonsumieren, um bereits nach einer halben Stunde wieder nach Hause zu fahren und sich an den Computer oder ans Smartphone zu setzen. Ich meine, WIR hatten damals stundenlang Zeit, um Armbänder in Seen zu verlieren oder gedankenverloren auf kleine rostige Kettenkarussells zu starren – wer nimmt sich heute noch ein, zwei Stündchen, um derartigem Zeitvertreib zu frönen?

Existieren da draußen noch Menschen, die es »gemüüütlich« mögen?

23.

»Früher hat es gereicht, einfach mal einen Tag in Cuxhaven zu verbringen.«

Statt schon am Mittwoch fahre ich diese Woche wie früher erst am Donnerstag zu Muddi, weil ich mich für den Vormittag mal wieder mit meiner Freundin Anita verabredet habe. Wir planen ein gemeinsames Buch und wollen dafür ein wenig brainstormen.

Meiner Mutter hatte ich es natürlich ein paar Tage vorher gesagt, woraufhin sie aber nur ein »Aha« erwidert hatte.

Aber dies »Aha« kann ich zu hundert Prozent so deuten: »Aha. Du fährst also lieber zu einer Freundin, als nach einem schönen gemeinsamen Fernsehabend morgens mit mir gemeinsam zu frühstücken! Dabei warte ich doch die ganze Woche darauf, und ich habe auch verdient, dass du am besten mittwochs, aber wenigstens donnerstagsmorgens zu mir kommst und mit mir plauderst, Lauuuraaa!«

Als ich nun am späten Mittag, leider auch noch etwas später als verabredet, bei Muddi ankomme und nach einem kurzen Klingeln mit meinem Ersatzschlüssel die Tür aufschließe und ins Wohnzimmer hinaufgehe, liegt sie dort auf dem Sofa und schläft.

Ich rufe im Türrahmen stehend: »Muddi, huhu, ich bin da!«.

Keine Reaktion.

»Hallooo!«

Nichts.

Ich muss hinter den Marmortisch kriechen, um sie wach zu rütteln. Sie reißt die Augen auf, und es hat wirklich den Anschein, als wache sie in dieser Sekunde auf.

Ich weiß, was Sie denken, und Sie haben *nicht* recht: Wie *kann* ich nur vermuten, dass sie mir etwas *vorspielt*?!

Weil ich nun mal *weiß, wie* meine Mutter aussieht, wenn sie wirklich gerade erst aufwacht, glauben Sie mir!

Wenn ich aber verspätet bei ihr ankomme, sie darüber erbost ist und mir ein schlechtes Gewissen einreden will, spielt sie mir einen tiefen Schlaf nur vor!

Dies Schauspiel soll mir Folgendes sagen: »Ich musste sooo lange auf dich warten, dass ich vor Müdigkeit urplötzlich auf das Sofa und in einen unglaublich tiefen, gefährlichen Schlaf gefallen bin! Du bist selbst schuld, dass du mich hier nun minutenlag wach rütteln musst. Stelle dir nur mal vor, ich wäre während dieser Tiefschlafphase verstorben! Stelle dir das einmal vor, Lauuuraaa!«

»Ach, du bist es, Laura!?«, sagt sie und gähnt.

»Ja, ich, wer kommt denn sonst noch in dein Wohnzimmer und weckt dich?«, frage ich erstaunt.

Dafür hat Muddi nur ein müdes Lächeln übrig und zeigt sogleich auf eine Plastiktüte, die auf einem ihrer Sessel steht.

Die Tüte ist prall gefüllt, und die beiden Griffe sind ineinander verknotet. So »verschließt« meine Mutter stets ihre Einkaufstüten, was den Transport nicht unbedingt leichter macht.

»Weil du immer noch nicht kamst, habe ich für Philipp schon mal ein paar Lebensmittel eingepackt. Die kannst du ihm ja vielleicht nachher noch vorbeibringen, wenn er aus der Schule zurück ist.«

Und dann sagt sie, während ich im Sessel Platz nehme: »Und kannst du gleich mal schnell zu deinem Vater auf den Friedhof fahren und sein Grab harken.«

Als sie meinen Blick sieht, der andeutet, dass ich zwar gerade erst in Buxtehude angekommen bin, aber bereits diverse Dinge zu erledigen habe, seufzt sie:

»Du musst dir mal meine Liste ansehen. Ich glaube, ich werde die niemals komplett abhaken können! Es ist so viel, was erledigt werden muss, und ich kann das ja nicht alleine, ohne dich!«

Da gebe ich ihr recht. Diese Liste wird niemals abgehakt sein. Weil Muddi immer etwas Neues einfällt. Dennoch gibt es Punkte auf der Liste, die schon längst hätten erledigt sein können. Zum Beispiel der Zahnarzttermin, den sie bereits dreimal verschoben hat.

Aber, nun gut, ich werde heute den Friedhof aufsuchen, Muddis Rezept bei ihrem Arzt abholen, meinem Sohn die Überraschungstüte vorbeibringen, dort die Bettwäsche einsammeln, die er nicht in den Waschsalon schleppen will, Anita das Manuskript noch schnell abliefern, das ich in aller Ruhe bei Muddi flugs noch einmal korrigieren wollte, dann die Wassertonnen bei meiner Mutter wieder aufstellen, die beim Sturm in einer der letzten Nächte umgekippt waren, zwischendurch meinem Gatten antworten, der mir gerade schreibt: »Ist alles in Ordnung? Du bist so still …!«

Bei all den Aufgaben, die noch vor mir liegen, überkommt mich plötzlich Fernweh.

»Wir könnten ja auch einfach mal irgendwohin fliegen!«, eröffne ich Muddi eine Idee, die schon länger in meinem Hirn herumgeistert.

»Ach Gott, du willst deine alte Mutter noch in ein Flugzeug stecken?«, fragt sie, während sie das Fensterbrett aufräumt.

»Für mich bist du nicht alt«, sage ich wahrheitsgetreu. Denn auch wenn meine Mutter körperlich nicht mehr die Fitteste ist, so kann sie es geistig wahrlich mit jeder Zwanzigjährigen aufnehmen.

»Aber meine Ohren! Ich glaube, ich würde vor Schmerzen sterben. Der Arzt in Stettin hat mir doch damals das Trommelfell durchstochen, als meine Ohren so oft entzündet waren.«

»Hast du Probleme im Elbtunnel? Gehen deine Ohren zu?«

»Nein.«

»O.K., bei mir schon. Du wirst keine Probleme im Flugzeug haben, Muddi.«

»Aber die stürzen doch so oft ab, die Dinger!«

»Du kennst die Statistiken, bei Autounfällen sterben mehr Menschen als bei Flugzeugabstürzen!«

»Aber das nützt mir ja nichts, wenn gerade mein Flieger abstürzt, Laura!«

»Dann darfst du auch nicht zur Tankstelle gegenüber laufen. Gerade dann könnte dich ein Lkw überfahren.«

»Gott, ja, neulich war es fast so weit, Laura! Mein Knie tat gerade so weh, dass ich nur bis zur Mitte der Straße kam und erst einmal pausieren musste!«

»Siehst du?«

»Ja, und dieser nette Lastwagenfahrer hat extra für mich gebremst und mir dann mit einer galanten Handbewegung gezeigt, dass er wartet, bis ich sicher auf der anderen Straßenseite angekommen bin. Ich kam mir vor wie so eine Entenfamilie, für die eine Straße gesperrt wird …!«

Muddi streicht sich Nusscreme auf ein Toastbrot und seufzt.

»Früher hat es gereicht, einfach mal einen Tag in Cuxhaven zu verbringen. Meine Güte, wie war das immer schön mit euch am Strand!«

Oh ja, ich erinnere mich gern! Ich sehe weißen Sand, trockene Grasbüschel und meinen Vater, den leuchtend roten Sonnenschirm unterm Arm, vor mir. In der anderen Hand trägt er Muddis Bastkorb, der selbstverständlich ziemlich schwer ist. Muddis Eierstullen wiegen bekanntlich viel.

Meine Mutter trägt die moosgrüne Kühlbox mit diversen kleinen Colaflaschen und einigen Kühlelementen.

Ich trage die Luftmatratze, den roten Rucksack auf dem Rücken und einen Strohhut auf dem Kopf.

Mein Bruder trägt langes Haar, eine Sonnenbrille und die Hände in den Hosentaschen.

Dieses Bild sehe ich als Erstes vor mir, wenn ich an Cuxhaven denke. Ich bin sechs, mein Bruder ist sechzehn Jahre alt. Ich sage Ihnen: Wenn der große Bruder sechzehn Jahre alt ist und die Schwester zehn Jahre jünger, macht sich der Altersunterschied dermaßen bemerkbar, dass man wahrhaftig kein Konfetti werfen möchte vor Begeisterung über die Familientraditionen.

Der Strand war meist gut belagert, und man konnte wahrlich nicht von Schwarmintelligenz sprechen, wenn jeder der Badegäste knapp 30 Zentimeter neben dem nächsten Menschen mit nach Sonnencreme riechendem Rücken Platz nahm!

Muddi erinnert sich hauptsächlich an Cuxhaven-Besuche, bei denen ich noch ganz klein war.

Das waren die Zeiten, in denen ich kleine rosafarbene

Bikinis trug, ein Schirmmützchen auf dem Kopf und die Sandschaufel in der Hand.

Rund um unseren Strandkorb grub ich kleine Kuhlen, türmte Sandburgen auf und verbrannte mir regelmäßig meine Haut.

Später in meinem Leben grub ich keine Kuhlen mehr, türmte auch keine Sandburgen mehr auf, verbrannte mir aber weiterhin meine Haut.

Als rothaariger Typ, dem sogenannten Typ 1 (rote bis rotblonde Haare, weiße Haut, Sommersprossen) vermeidet man die Sonne am besten wie ein Vampir und kommt erst nach Sonnenuntergang aus dem Haus …

Einmal habe ich mir in Ägypten dermaßen die Kniebeugen verbrannt, dass ich drei Tage lang meine Beine nicht gerade durchstrecken konnte und wie ein Mensch mit Bechterew-Erkrankung gebeugt laufen musste.

»Weißt du noch, dass du in Cuxhaven immer deine knallgelbe Plastikente hinter dir hergezogen hast?«

Ja, ich kann mich erinnern. Beinahe jeder, der in meinem Alter ist und die Wochenenden am Baggersee oder in Cuxhaven verbracht hat, konnte sicherlich in Kindertagen diese Ente sein Eigen nennen.

Die Ente war circa 40 Zentimeter lang, hatte rote Räder am Bauch und ein Loch im Rücken, um im Innenraum Schäufelchen und Förmchen zu transportieren. Oder Sand. Oder Wasser.

Meine Mutter lächelt, und ich weiß genau, welche Geschichte sie nun auftischt.

Nun gut, ich werde zuhören, schließlich kann ich das an diesem Tag ganz entspannt tun, weil niemand anderes anwesend ist. »Du hast den einen Nachmittag mit dem kleinen Jungen gespielt, der genau die gleiche Ente hatte wie du.«

»Ja, ich weiß.«

»Der Junge war schon ganz braun gebrannt, während deine Haut schon leicht gerötet war. Ich musste dich noch mal nachcremen!«

»Ja.«

»Und ihr habt so schön gespielt mit euren Enten!«

»Mhm.«

»Aber der hatte ja keine Badehose an!«

»Genau.«

Pling. Ich bekomme eine SMS von Laszlo: »Na, alles gut bei euch?«

Ich antworte: »Piesch-Entengeschichte.«

Laszlo: »O.K., bis später.«

Muddi ergänzt nun: »Er lief die ganze Zeit nackt herum.«

»Mhm, mhm.«

»Und er hat die ganze Zeit überall hingepiescht!«

»Ja, ich weiß.«

»Du glaubst es ja nicht, ü-ber-all hat er einfach hingepiescht! Der Junge muss ja eine Blasenentzündung gehabt haben!«

»Ja, vermutlich, Muddi.«

»Und die Eltern haben seelenruhig im Strandkorb gelegen und nichts unternommen.«

»Was hätten sie denn machen sollen?«

»Na, ihm einfach mal eine Badehose anziehen?«

»Dann hätte er sich in die Hose gepiescht.«

»Ja, aber er hätte dann nicht einfach überallhin getröpfelt!«

»Das ist wahr.«

»Es war beinahe schon etwas eklig!«

»Ja.«

»Es roch auch schon nach Urin!«

»Wie gut, dass ich mich daran nicht erinnern kann.«

»Unappetitlich, so was!«

»Ja, eine mittelschwere Katastrophe.«

»Ach Laura, wenn du schon wieder sooo bist, brauche ich ja gar nichts mehr zu erzählen, hör mal!«

»Wie: *sooo*?«

»Na, du willst ja gar nicht über unsere Urlaubserlebnisse reden!«

»Doch, doch, nur nicht über herumpieselnde Zweijährige.«

»Aber das sind doch nun einmal die Erlebnisse, die man so hat im Allgemeinen!«

»Das mag sein, aber ich kenne sonst niemanden, der über solche Ferienerlebnisse ausführlich berichtet!«

»Das liegt nur daran, dass die meisten Menschen nur die großen Pyramiden sehen oder den Eiffelturm, aber nicht auf die kleinen, lustigen Dinge achten, die am Rande der Mainstreamerlebnisse passieren!«

Mainstreamerlebnisse! Es ist unglaublich, wie sehr meine Mutter mich immer wieder überraschen kann, wenn sie so redet!

Dann kramt sie aus einem Stoß alter Fotos, die sie unter der Fensterbank lagert, ein spezielles Bild heraus.

Ich sehe:

- meinen Bruder
- meinen Vater
- unser Auto am Straßenrand
- mich am Boden sitzend
- eine große Pfütze in undefinierbarer Farbe direkt vor meinen Füßen ...

Müssen Eltern das wirklich fotografieren? Müssen Eltern erwachsene Kinder mit diesen Fotos quälen? Wäre es nicht viel sinnvoller, solche unappetitlichen Momente einfach vorbeiziehen zu lassen und die gewonnene Zeit, denn man braucht ja nun nicht tausend Mal dieses absurde und absolut überflüssige Foto zu begucken, für neue Erlebnisse, eine Reise etwa, zu nutzen?

Ich bin sehr, sehr dafür! Und ich werde alles dafür tun, mit Muddi weniger Fotos aus alten Zeiten zu gucken und mehr neue Erlebnisse mit Muddi zu teilen! Okay, sicher mache ich dann auch ein paar Handyfotos für später. Aber ohne gelbe Lachen, versprochen!

24.

Wir sind »Borg«!: »Aber was ist, wenn es doch einen Kurzschluss gibt ...«

Jede Mutter gibt ihre Gene an die Nachkömmlinge weiter. Manchmal kann man dies schon rein äußerlich erkennen, bei anderen gibt es im Gesicht des Nachwuchses nichts, aber auch rein gar nichts, was Mutterns Mopsnase oder ihren abstehenden Ohren ähneln könnte.

Ich habe die rotblonden Haare und die Sommersprossen meiner Mutter geerbt, derentwegen ich in meiner Kindheit nicht selten geärgert wurde. Meine Füße sind für eine Frau meiner Körperlänge von 172 Zentimetern relativ groß – ich trage Schuhgröße 41/42, was ich sicherlich meinem Vater zu verdanken habe. Der hatte immerhin Schuhgröße 48 und musste sich sein Leben lang anhören, er trage keine Schuhe, sondern »Elbkähne«.

Dann wiederum – und hier wird's interessant – bemerkt man am Verhalten der Kinder, welche unschönen Eigenschaften und Charakterzüge man sonst noch weitergegeben hat. Ehepartner führen dies immer wieder gerne ganz oben an, wenn es darum geht, die Liste der negativen Eigenschaften herunterzubeten, sobald man sich gerade mal wieder in den Haaren liegt.

»Du bist wie deine Mutter!«, ist wohl der böseste Ausruf eines Ehemannes, wenn seine Frau sich gerade über die achtlos fallen gelassenen Socken auf dem Wohnzimmerboden aufregt.

»Du guckst jetzt wie dein Vater!«, ist die Retourkutsche der Frauen, wenn der werte Ehegatte mit irgendeiner Alltagssituation (er soll ein Trinkglas aus dem Küchenschrank holen, weiß jedoch auch nach zwanzig Jahren in der gleichen Wohnung nicht, wo die Gläser stehen) nicht klarkommt.

Ich bin nun in zweiter Ehe verheiratet. Mein erster Mann Helge hat nach zehn Jahren Ehe zum ersten Mal festgestellt, dass ich durchaus hier und dort wie meine Mutter agiere.

Im Laufe der darauffolgenden Jahre, also gegen Ende der Ehe, warf er mir dies immer öfter vor. Oder sagen wir: Er wies mich darauf hin.

Er behauptete dann zum Beispiel, dass ich, wenn ich nach ihm riefe, die Vokale seine Namens lang ziehen würde, so wie Muddi es stets bei Vaddis Namen getan hatte. Letzteres stimmte, Muddi hatte immer »Kuuuuat!« gerufen. Aber ob ich wirklich »Heeelgeee!« gerufen hatte? Und warum fiel das meinem Ex erst nach so vielen Jahren auf? Zehn Jahre lang hatte er entweder nichts bemerkt oder er hatte zwar etwas bemerkt, war aber noch so verliebt, dass er es mir nicht vorwerfen wollte!?!

Hut ab, im Nachhinein, für die rosa Brille, die hatte doch lange gehalten.

Mein jetziger Mann war auch sehr verliebt, und ich hoffe sehr, er ist es immer noch.

Doch ich denke, dass Laszlo sehr viel mehr mit Muddi auf Tuchfühlung geht als es mein Ex jemals tat! Ich weiß nicht, wie ich das erklären soll … vielleicht hängt die momentane Wahrnehmung der Eigenschaften meiner

Mutter auch damit zusammen, dass sie nicht mehr gemeinsam mit meinem Vater als »Paar« auftritt, sondern nun eben als Einzelperson, ist man da nicht automatisch extrovertierter?

Wenn meine Mutter auf Laszlo trifft, sitzen sie sich oft Aug' in Aug' direkt gegenüber. Ein ganz spezieller Dialog entsteht dann, niemand redet dazwischen. Es sind Themen wie Kindererziehung (da sind sie sich einig, Kinder benötigen Grenzen, eine gewisse Strenge, aber auch die Zuverlässigkeit der Eltern, jawohl!) oder die Handwerker (die meisten können nix und sind in 99,9 Prozent unpünktlich!) oder auch das Kochen (»... und dann schööön vorsichtig die Crème fraîche in die Soße gleiten lassen!«). Meinen Mann und mich verbinden natürlich auch ganz viele Gemeinsamkeiten. Wir können über die gleichen Dinge lachen, erkennen Situationskomik, haben doch recht ähnliche Ansichten.

Doch etwas ist IHM nicht gegeben: die praktizierte Unsinnigkeit von Aktionen, die meine Familie schon seit Generationen heimsucht und uns auch in Zukunft gewiss ist.

Erst wenn ich in direktem Kontakt zu meiner Mutter oder zu meinem Sohn stehe, fällt es mir auf: Die Gene kann man nicht wegtrainieren – nicht einmal im Zusammenleben mit einem Dreiviertel-Ungarn!

Es ist kurz vor Ostern. Ich befinde mich diesmal an einem Freitag im Wohnzimmer meiner Mutter, mein Sohn ist auch dabei.

Nachdem sich Muddi in diesem Jahr nur lächerliche drei Mal bitten ließ, die Feiertage doch bei uns zu verbringen, stehen auf dem Flur zwei Koffer und drei große Einkaufstaschen. Muddi wird fünf Tage bei uns verweilen, da muss sie dringend ihr Survival-Equipment mitnehmen.

Eine Woche zuvor rief sie bei uns an und meinte: »Laura, ich komm nicht. Die Heizung muss ja repariert werden. Ich kann hier nicht weg. Sonst fällt die Heizung aus, und alles friert ein!«

Ich hatte das Telefon aus praktischen Gründen laut gestellt, und als Laszlo Muddis Worte hörte, mischte er sich ein. »Muddi«, sagte er, »deine Heizung wird nicht einfrieren. Wir haben Ende März und zehn Grad Außentemperatur.«

»Ja, aber wenn doch was ist, was ist dann?!«

»Sag doch deiner Mieterin Bescheid, gib ihr einen Schlüssel, dann kann sie jeden Tag nach dem Rechten sehen!«

»Gib mir mal Laura!«, höre ich Muddi sagen.

Laszlo nickte mir augenrollend zu.

»Ja, Muddi!«, rief ich.

»Laura, ich geh hier nicht weg, basta!«

»Na gut.«

»Außerdem sollt ihr mich die Feiertage nicht hin und her kutschieren.«

»Das machen wir aber schon seit fünf Jahren so, Muddi.«

»Was macht ihr?«

»Das Rumkutschieren.«

»Siehst du, jetzt wirfst du mir das vor!«

»Nein, tu ich nicht. Und ich werde dir diesmal nicht hinterher betteln.«

»Hinterher betteln? Da siehst du mal … so denkt ihr also über mich!«

Klack, düd-düd-düd.

Sie hatte tatsächlich aufgelegt.

Drei Tage später hatte sie alles organisiert und ihrer Mieterin den Haustürschlüssel übergeben. Sogar mit der Heizungsfirma hatte sie abgeklärt, dass sie durchaus einige Tage außer Haus sein dürfte.

Das Telefon klingelte: »Hallo. Ich bin fertig. Wann holst du mich ab?«

Ach, ich liebe meine Familie …

Heute nun also trinke ich vor der gemeinsamen Abreise noch eine Tasse von Muddis Bohnenkaffee. Meine Mutter hat vorsorglich eine ganze Kanne aufgegossen, so viel Zeit muss sein, erklärt sie mir. Philipp und ich setzen uns also an den Tisch und nehmen uns gern die Zeit, schließlich ist es wirklich immer sehr gemütlich bei Muddi auf der Couch – es ist, wie es ist!

Philipp trinkt wie üblich einen Kakao. Das werde ich die nächsten Male auch tun, nehme ich mir augenblicklich vor, denn heute ist der Kaffee besonders stark, und mein Herz rast bereits nach der halben Tasse wie verrückt. Heiß ist mir auch noch, und ich ziehe meine Jacke aus, obwohl wir ja eigentlich gleich nach der einen Tasse Kaffee loswollen …

Meine Mutter redet. Die ganze Zeit.

Das Hauptthema ist die kleine Tischlampe, welche bei ihr stets auf dem Fensterbrett im Wohnzimmer steht.

Das Fensterbrett ist ungefähr 40 Zentimeter tief und erstreckt sich über die gesamte Breite des Raums. Unter dem Fensterbrett verläuft die Heizung. Die Konstruktion hat mein Vater in den Fünfzigern gebaut.

Vor der Heizung steht eine hölzerne Verkleidung, welche seit einigen Wochen durch eine gefaltete Serviette offen gehalten wird. Ein Heizungsmonteur hat Muddi erklärt, dass sie die Heizkosten enorm reduzieren könne, wenn die Luft zirkuliert. Beim letzten Mal, als ich hier mit Muddi gemeinsam Fernsehen geschaut habe, bin ich ständig gegen die geöffnete Verkleidung gestoßen. Aber die Serviette herausnehmen darf ich nicht.

»Nee, Laura, lass das! Der Heizungsheini hat gesagt, ich soll das so offen lassen!«

Die kleine Tischlampe fristet ihr geblümtes Dasein gewissermaßen A) als Leselampe und B) als Anwesenheitsindiz für die Nachbarn. Damit die danach nicht sagen:

»Gott, Frau Windmann, wie lange waren Sie denn heute Nacht wieder wach? Ihre Lampe hat ja noch um drei Uhr gebrannt, als ich von der Nachtschicht nach Hause kam!«

»Sagen Sie, haben Sie vergessen, Ihre Lampe auszuschalten? Um zwei Uhr habe ich noch Licht bei Ihnen gesehen!«

»Beinahe hätte ich einen Notarzt gerufen, weil Ihre Lampe um vier Uhr noch brannte!«

»Sie dürfen Ihre Lampe nicht so lange brennen lassen, das kann zu einem Kurzschluss führen, Frau Windmann!«

Und genau das ist heute zehn Minuten vor der Abfahrt unser Thema.

Muddi überlegt laut: »Was meint ihr, kann ich die Lampe über die Tage, die ich bei euch bin, anlassen? Oder gibt's dann einen Kurzschluss?«

Ich grüble kurz und erwidere: »Da wird wohl nichts passieren, Muddi. Lass sie ruhig an.«

Muddi nimmt die Lampe vom Fensterbrett und stellt sie auf die zum Fenster gewandte Seite des Marmor-Stubentischs.

Alle drei starren wir auf die Lampe.

Muddi ergreift das Wort.

»Aber was ist, wenn es doch einen Kurzschluss gibt, die Glühbirne zerplatzt, und der Lampenschirm brennt?«

Sofort sehe ich mal wieder Bilder vor mir: Mit einem entsetzlich lauten Knall explodiert die Glühbirne, der geblümte Lampenschirm fängt Feuer, und nur Sekunden später steht das ganze Haus in Flammen ... und Muddi fristet zukünftig anschließend ihr Rentnerdasein – bei uns!

»Okay, nein, lass sie lieber nicht an!«, korrigiere ich mich rasch.

Nach einem Hausbrand lägen die zweihundert Jahre alten Dachbalken meines Elternhauses schwarz verkohlt auf dem Boden, dazwischen die fünfzig Handtaschen meiner Mutter. Sie würde sogar barfuß durch den noch lodernden Haufen staksen und verzweifelt die alte Handtasche meiner Großmutter suchen. Die hat Muddi selbstverständlich behalten, als Oma verstarb. Genauso wie drei Mäntel, die Lederhandschuhe und Kleider. Niemandem passen diese Sachen, dennoch fristen sie ihr Dasein in Muddis Schrank.

»Gott, Laura!«, höre ich sie in Gedanken jammern. »Gott, sie muss hier doch irgendwo sein!«

Ich sehe vor meinem geistigen Auge, wie Muddi ihren Stockschirm mit Gummifuß in verkohlte Ordner bohrt, zwischen zwanzig schwarz verbrannten Raviolidosen und dem alten Villeroy & Boch-Wasserkessel herumstochert, den sie ja statt des modernen Wasserkochers benutzt. Ja, der Kessel sieht noch aus wie neu, während die Plastikumhüllung des Wasserkochers geschmolzen und eine Symbiose mit Muddis Bastkorb eingegangen ist!

»Ich muss die Tasche finden!«, würde Muddi rußgeschwärzt vor sich hin brabbeln, während ich stumm über den Grund sinniere und dabei einige Heringsdosen einsammle, die den Brand überlebt haben.

Meine Mutter schluchzt verzweifelt über die verbrannten Balken hinweg: »In der Tasche sind mein Spaaarbuuuch und das ganze Geeeld versteckt geweeesen!!«

Nein! So weit darf es nicht kommen!

Vernünftige Menschen mit einem Hang zum Realismus würden nun Lampe Lampe sein lassen und darauf vertrauen, dass schon niemand in das alte Haus einbricht.

Mein Sohn meint: »Nimm doch den Lampenschirm ab und lass die Lampe auf der Marmorplatte stehen!«

Muddi nimmt den Schirm ab.

Wir starren auf die nackte Glühbirne. Wir starren auf den Tisch. Dann starren wir uns gegenseitig an. Wir erkennen im selben Augenblick, dass auf dem Tisch allerhand brennbare Dinge stehen.

Und genau in diesem Moment passiert es. Wie bei den Borg, einer Gruppe außerirdischer Mutanten, die alle irgendwie geistig miteinander verbunden sind und bei denen jeder den Gedanken des anderen lesen kann, agieren wir drei Blutsverwandte.

Ich wette, Gene Roddenberry hatte eine ebenso funktionierende Familie. Die ganze verdammte Raumschiffserie entspringt lediglich der Feder des Mitglieds einer meschuggen Bande, die Muddis Clan ebenbürtig war!

Schweigend schiebt Muddi die Achtzig-mal-achtzig-Tischdecke bis zur Mitte des Tisches.

Ich stelle den dem Anschein nach nicht brennbaren Lüsterkerzenhalter und eine winzige Porzellanschale mit Nüsschen vor die Lampe.

Philipp schiebt zwei Tassen mit englischem Jagdmotiv und die Thermoskanne mit Zwiebelmuster vor den Lampenfuß und zum krönenden Abschluss postiert Muddi das Mobilteil ihres Telefons daneben.

Klar, jetzt kann ja nichts mehr passieren! Ein Feuerchen wäre zutiefst beeindruckt von der perfekt konstruierten Barriere!

Ein Minütchen betrachten wir den Aufbau und schweigen still. Philipp macht noch ein Foto und setzt es ins Internet. Er schreibt darunter: »Zwiebelmuster und Kaffeetasse: So schützen auch Sie Ihr Haus simpel und effektiv vor einem Wohnungsbrand!«

Er zeigt uns den Eintrag, wir lesen und anschließend lachen wir Tränen ob unserer Idiotie.

Ich weiß, was Sie nun denken, aber Sie irren sich!

Man hätte das Ganze wieder rückgängig machen sollen und die Lampe Lampe sein lassen.

Aber nein, während Muddis Abwesenheit verweilen in meinem Elternhaus in Buxtehude Lüsterkerzenhalter, Porzellanschale mit Nüsschen, Tassen, Thermoskanne und Mobilteil direkt vor dem Lampenfuß auf der Marmorplatte. Fünf Tage lang.

Und soll ich Ihnen was sagen?

Es ist auch wirklich nichts passiert!

25.

Wir fahren nach Stettin! »Ich hasse Buxtehude. Ich hasse es wie die Pest.«

Wie verbringen Sie eigentlich Ihre Urlaube? Allein? Mit dem Partner? Mit einer Freundin? Mit den Kindern? Mit den Eltern? Haben Sie schon einmal versucht, gemeinsam mit Ihrer Mutter *und* Ihrem Sohn eine Reise zu unternehmen? Nicht? Das sollten Sie aber schleunigst nachholen! Und Sie sollten sich damit abfinden, dass Sie keinen Erholungs-, sondern einen Abenteuertrip buchen werden ...

Muddi wurde – ich erwähnte es bereits – in Pommern geboren, genauer gesagt in Stettin.

Sie verbrachte dort ihre äußerst glückliche und sorgenfreie Kindheit, bis der selbst ernannte »Führer des großdeutschen Reiches« auf die Idee kam, Polen zu besetzen und die Schreckensgeschichte ihren Lauf nahm. Das ersehnte Kriegsende bedeutete für die in Pommern ansässigen Deutschen dann allerdings auch die Vertreibung aus ihrer Heimat. Und für die Polen aus den Grenzgebieten bedeutete es die Vertreibung aus IHRER Heimat sowie die Ansiedelung in Pommern!

Die Familie meiner Mutter musste also wie viele andere Familien auch ihr gewohntes Lebensumfeld verlassen. Meine Mutter stieg mit ihrer Mutter, der Großmutter mütterlicherseits und einer Cousine nebst deren Mutter in Stettin in den Zug, um woanders in der Welt ein neues Zuhause zu finden.

Meine Großmutter hatte für diese außergewöhnliche Fahrt, wie in meiner Familie bei jeglicher Art der Reise üblich, etliche Brote – tonnenweise, Rucksäcke, Taschen, Beutel voller Brote geschmiert. Leider oder Gott sei Dank, je nachdem wie man die Sache betrachtet, gab es unterwegs durch das Deutsche Rote Kreuz eine großzügige Lebensmittelversorgung, weshalb die Broteschmiererei im Grunde völlig überflüssig gewesen war.

Noch heute kämpft Muddi nachts in wildesten Träumen mit diesem Erlebnis, denn statt der Brote hätte sie schließlich viele andere Dinge mitnehmen können. Zum Beispiel ihre dreißig Schildkröt-Puppen oder Bettwäsche oder silbernes Besteck.

Irgendwann strandete meine Familie dann in Norddeutschland und entschied, in einem Ort namens Buxtehude wieder sesshaft zu werden. Warum gerade dort? Weil ihnen der Ortsname gefiel. Wie sollte man auch sonst entscheiden, welcher Ort annehmbar für die eigene Zukunft ist, wenn man Städte wie Buxtehude höchstens aus dem Märchen kennt und einem dadurch lediglich bekannt ist, dass hier die Hunde mit dem Schwanz bellen?

Heute sagt meine Mutter oft genug: »Wären wir bloß woanders ausgestiegen. Ich hasse Buxtehude. Ich hasse es wie die Pest.«

So was sagt sie aber nur so. Sicherlich wäre es schöner, in Berchtesgaden oder an der Riviera zu wohnen, aber darüber redet Muddi nur, sie will dort gar nicht wirklich leben. Glaube ich. Ich stelle mir oft vor, wie sie wohl reagieren würde, wenn ich ihr sagte: »Komm, wir ziehen zusammen nach Bad Reichenhall! Ich habe da schon ein großes, komfortables Haus für uns alle gekauft!«

Dann wäre es aber vorbei mit der gespielten Sehnsucht, denke ich.

Muddi ist verwurzelt. Ganz tief. Verwurzelt in ihrem Fachwerkhaus mit den fast zweitausend Quadratmetern Gartenfläche, auch wenn sie deren Pflege nicht mehr allein bewältigen kann – der angestellte Gärtner, der regelmäßig kommt, sollte aber in Zukunft bitte, bitte die Nachtviolen stehen lassen, wenn er die Beete vom Unkraut befreit.

Seit Jahren schon beklagt sich meine Mutter bei mir, dass sie und ihre Eltern es nie geschafft haben, die alte Heimat zu bereisen. Mein Großonkel besuchte Stettin unzählige Male, doch Muddi hatte den Urlaub immer wieder verschoben.

Vor einiger Zeit habe ich dann einfach eine Reise gebucht. Ziel: Stettin oder auch *Szeczin*. Genauer Dabie, ehemals Altdamm.

Muddi hat Sehnsucht nach ihrer alten Heimat, und die Sehnsucht wächst anscheinend mit dem Alter. Ich will mir später einmal nicht vorwerfen müssen, ich hätte die Alarmzeichen und roten Lichter zwar erkannt, aber nicht auf sie reagiert. Deshalb hatte ich den Entschluss getroffen, meine Mutter im Spätherbst ihres Lebens mit einer Reise nach Stettin zu überraschen – ach was, glücklich zu machen!

Mein lieber Ehemann Laszlo will für die Zeit unserer Reise die häuslichen Pflichten übernehmen und überlässt mir ganz allein die Wiederaufnahme einer Familienidylle, reduziert auf meinen Sohn, meine Mutter und mich!

Ich habe also ohne Muddis Wissen:
- im Internet ein Hotel herausgesucht, das einzige am Altdammer See, das zurzeit existiert,
- die Hotelleitung angerufen,
- festgestellt, dass die Frau am anderen Ende der Telefonverbindung eindeutig kein Englisch verstand,
- festgestellt, dass ich eindeutig kein Polnisch verstand,
- festgestellt, dass die nächste Dame, die eiligst ans Telefon gerufen wurde, ebenfalls kein Englisch verstand,
- festgestellt, dass eben diese Dame einige Bröckchen Deutsch verstand,
- es tatsächlich geschafft, ein Dreibettzimmer für eine Woche zu buchen.

Nachdem Laszlo mich anschließend noch dreimal fragte, ob ich nicht dringend noch eine E-Mail-Bestätigung anfordern wolle, und ich dies kategorisch ablehnte, mache ich mich nun heute auf den Weg nach Buxtehude, zu Muddi, um ihr die Überraschung zu präsentieren.

Ich lehnte die E-Mail-Bestätigung übrigens nur so kategorisch ab, weil mein Mann IMMER und grundsätzlich meinen Weg der Reisebuchung infrage stellt oder kommentiert, obwohl er diese Aufgabe nur zu gern an mich delegiert. Sollte er mich doch einfach machen lassen! Sein Polnisch ist schließlich auch nicht mehr *up to date* … von daher hätte er es sicher nicht besser machen können!

Außerdem lasse ich Dinge gern auf mich zukommen, was soll schon passieren?

Als Muddi mir die dritte Tasse Kaffee einschenkt, warte

ich immer noch darauf, den richtigen Moment zu erwischen, um ihr die Überraschungsreise zu präsentieren.

Um schon einmal ihre Begeisterung anzukurbeln, frage ich sie: »Du, sag mal, ich hab neulich hier bei dir ein altes Foto vom Damm'schen See gefunden. Wie weit war der See noch mal von eurer Wohnung entfernt?«

»Wir brauchten nur drei Minuten zu Fuß zu laufen, und schon waren wir direkt am Strand, Laura! Ach, ich weiß noch, wie schön das war. Der weiße Sandstrand, die Badehäuschen, sauberes Wasser und die Musikkapelle. Wie es wohl jetzt da aussieht?«

»Das finden wir demnächst heraus, Muddi!«, höre ich mich sagen und bin nun selbst überrascht, wie schnell das Geheimnis auf einmal gelüftet ist.

Meine Mutter stellt ihre Kaffeetasse ab und fragt langgezogen: »Wiesooo?«

Ich lehne mich genüsslich zurück und antworte: »Weil wir in einer Woche nach Stettin-Altdamm fahren!«

»Wer wir?« Muddi sieht mich verblüfft an.

»Du, Philipp und ich!«

»Waaaas?«

»Ja, ich hab uns ein Zimmer gebucht, direkt am See.«

»Gott, Laura! Wirklich?«

Sie richtet sich auf, wirft ein Sofakissen von der einen in die andere Ecke ihres Sofas.

Ich kenne Menschen, die freuen sich einfach, wenn ihnen jemand eine Reise organisiert.

Ebenso kenne ich Menschen, die dann, wenn sie die Konditionen kennen, einfach mal planen. Zum Beispiel suchen sie ihren Reisepass, oder sie gehen mit denjenigen, die die Reise organisiert haben, den zu erwartenden Ablauf durch.

Eigentlich hatte ich – warum auch immer – vermutet, meine Mutter würde Ähnliches tun.

Anscheinend hatte mir zu diesem Zeitpunkt jemand etwas in meinen Kaffee getan, oder ich hatte einen wechseljahrbedingten geistigen Ausfall. Hormonschwankungen sollen ja bekanntlich zu Euphorie und einer unrealistischen Wahrnehmung führen.

Muddi wirft als Erstes Folgendes in den Raum:

»Gott, Laura, mein Herz rast wie verrückt. Ich glaub, ich muss jetzt zuerst einmal meine Herztablette nehmen! Das vergess ich vor lauter Aufregung sonst noch!«

Dann kommt, was kommen muss – Muddi zweifelt an ihrer Reisetauglichkeit.

»Ich kann euch das ja gar nicht antun! Es wird euch schrecklich wütend machen, dass ich nicht mehr so gut laufen kann. Mit mir kann man nirgends mehr hin ...«

Ich erspare Ihnen jetzt mal das Hin und Her in Muddis Entscheidungsprozess, ob sie nun mitkommt oder nicht.

Eine Woche später stehen Philipp, den ich zuvor bereits eingesammelt habe, und ich mit meinem Auto auf dem Parkstreifen vor meinem Elternhaus.

Von hier blicke ich immer zuerst zu den Fenstern der ersten Etage. Normalerweise ist die Gardine des rechten Fensters nämlich aufgezogen und die kleine Tischlampe am Wohnzimmerfenster ist zu sehen. Heute sind alle Gardinen zugezogen. Das bedeutet, dass Muddi bereits alles vorbereitet hat, um beruhigt abreisen zu können. Ich sehe durch den Gardinenstoff am Wohnzimmerfenster, dass das Deckenlicht angeschaltet ist. Muddi braucht jetzt ganz viel Licht, um noch einmal alles gründlich abzuchecken: Haben die Sofakissen den perfekten Knick in der Mitte? Ist der Fernseher auch wirklich ausgeschaltet? Liegt nichts herum, was während Muddis Abwesenheit nicht herumliegen soll?

Muddi hört unser Sturmklingeln nicht, alles andere hätte mich heute auch gewundert, also schließe ich mal wieder selbst auf. Und nachdem Philipp und ich im Flur über zwei kleine Koffer, eine große Tüte und Muddis Handtasche gestiegen sind, um zur Treppe zu gelangen, steigen wir deren steile Stufen hinauf, um Muddi mit auf die Reise nach Polen zu nehmen.

Oben im Wohnzimmer riecht es nach Kölnisch Wasser. Muddi hat – falls jemand das Haus betreten sollte – alles gut und ausreichend parfümiert.

Wer das Haus betreten sollte, weiß ich nicht. Niemand außer mir und Philipp hat einen Schlüssel. Vielleicht könnte der Duft einen Einbrecher gnädig stimmen oder ihn sogar vertreiben, überlege ich kurz.

Meine Mutter steht in ihrer Küche unter der Dachschräge vor dem Tisch und pfriemelt an einer Tüte herum.

Ich ahne es: Wir werden auf unserer Reise nicht verhungern.

Und ich behalte recht.

Auf dem Küchentisch steht der Bastkorb von 1972. Verdammt, was hatte deutsches Material noch an Qualität! Der Korb sieht aus wie eh und je. Kein einziger Bastfaden ist beschädigt, der Stoff, welcher durch ein eingezogenes Gummiband den Korb verschließt, lässt immer noch das kunterbunte Muster erkennen: Obst und Sektgläser. Ich sinniere: Ein Picknick in den Siebzigern wurde noch elitär zelebriert. Neben der anwachsenden Subkultur der Hippies, die sich mit Marihuana, Africola oder Muttis

Persico-Likör auf Ausflügen die Kante gaben, existierte auch die Gruppe derer, die sich auf einem Rastplatz in der Lüneburger Heide ihr Miniröckchen mit Kellergeister Perlwein bekleckerten.

Muddi gehörte damals eher der Minirock-Fraktion an. Der Hippie war ich. »Hippie« war der Spitzname, den mein Vater mir gab, als ich mit langer ungebändigter roter Lockenmähne und in weiten Latzhosen meine Freundinnen auf dem Flokatiteppich mit Wildkirschtee und Schoko-Salmiak-Lollies bewirtete.

Aus dem Bastkorb ragen zwei Cola-Flaschen und diverse gefüllte Butterbrottüten heraus. Muddi füllt noch fünf Brote in eine weitere Tüte und quetscht auch diese in den längst überfüllten Korb, während sie uns begrüßt.

»Ich hab Leberwurstbrote und Eierstullen gemacht, Laura. Ach, die schmecken einfach am besten auf so einer langen Fahrt, findest du nicht auch?«

Jaaa, Muddis Eierstullen sind der Knüller. Ein abgekühltes, relativ hart gebratenes Spiegelei wird in ein reichlich mit Butter bestrichenes Brot gelegt und zugeklappt. Später beim Verzehr wird das Eigelb erfahrungsgemäß auf meine Hose kleckern. Denn auch wenn Muddi das Eigelb des Spiegeleis stocken lässt, braucht es dennoch ein außerordentliches Geschick, diese Brote ohne größeren Schaden an Kleidung und Sitzen zu verzehren.

Nachdem wir ungefähr eine halbe Stunde damit verbracht haben, Koffer, Tüten, Mäntel und den Bastkorb ins Auto zu laden, befinden wir uns tatsächlich auf der Autobahn und am Anfang unserer Polenreise. Philipp sitzt hinten, viel Bewegungsfreiheit hat er nicht. Eine große

Tüte mit warmen Jacken, dicken Socken und Halstüchern sowie der Bastkorb nehmen anderthalb Plätze ein. Der Kofferraum war voll …

Wir haben Juni, aber Muddi rechnet mit allem. Unter anderem damit, dass eine große Kältewelle über die deutsch-polnische Grenze schwappt und uns überrascht. Aber wir sind gewappnet! Muddi hat ihren Kleiderschrank durchwühlt und doch tatsächlich noch zwei meiner alten Strickjacken aus den Achtzigerjahren gefunden. Eine davon hat extrem große Schulterpolster, die andere neonfarbige Knöpfe. Als ich anmerke, dass Schulterpolster und neonfarbige Knöpfe seit rund dreißig Jahren nicht mehr in sind, meint Muddi: »Ach, in Polen fällt das gar nicht auf!«

Genau. In Polen laufen sie alle noch in Karottenhosen, Cowboystiefeln und mit einer schicken Vokuhila-Frisur herum.

Ich sehe sie uns schon an der Grenze begrüßen, die Polen: Punks, Popper und Ökos mit Ghettoblastern auf der Schulter singen: »*Together forever and never to part / together forever we two / and don't you know I would move heaven and earth / to be together forever with youuuu…*«

Ja, auch in Polen ist Rick Astley der Hit! Und das seit 1986!

»Möchte einer von euch eine Eierstulle?«, höre ich Muddi fragen.

»Na gut, gib her«, antworte ich, weil ich weiß, dass meine Mutter keine Ruhe geben wird, ehe nicht gegessen wird.

Sie lässt sich von Philipp eine Stulle reichen und pult sie aus dem Butterbrotpapier, um sie mir dann in die rechte Hand zu drücken.

Ja, ich gebe es zu: Muddis Eierstulle ist ein Genuss. Und drei Sekunden, nachdem ich den ersten Happs abgebissen habe, kleckern mir Eigelbstückchen auf die frisch gebügelte hellblaue Hose.

»Ups, warte…!«, sagt Muddi, lässt sich von meinem Sohn eine Serviette aus dem Bastkorb reichen und wischt den Dotterbrösel von meinem rechten Knie. Zumindest versucht sie es. Für den Rest der Hinreise ziert ein gelblich bunter Fleck mein Knie, da die geblümte Serviette abgefärbt hat.

»Dein Vater hat auch immer gekleckert«, erwähnt Muddi und lächelt sichtbar in sich hinein, während sie den auffälligen Fleck ignoriert!

»Und einen Apfel hat er auf den langen Fahrten nach Bayern gegessen. Das macht munter, hat er dann gesagt.«

Muddi ist auch ohne Apfel munter.

»Möchtest du auch einen Apfel? Ich hab uns ein paar Äpfel eingepackt, Laura!«

»Eh, Muddi? Ich esse doch gerade das Brot!?«

»Ja, aber danach könntest du doch einen Apfel essen!«

»Ich glaube nicht, Muddi. Ich werde sehr satt sein, wenn ich das Brot aufgegessen habe!«

»Gott, nun sei doch nicht gleich zickig! DU kannst das durchaus vertragen, du bist ja schon wieder so dünn geworden!«

Ich antworte einfach mal nicht, sondern nicke nur.

Und schon wechselt Muddi das Thema.

Kennen Sie noch das Spielchen aus Ihrer Kindheit: Worte oder Sätze aus Autonummern und -buchstaben bilden?

Mir machte das als Kind stets sehr viel Spaß. Heute nicht mehr.

Ich habe die Wortbildungsgabe verloren und gerate an

Nummernschilder, die mir keine Möglichkeiten bieten, mit Muddi mitzuhalten.

Muddi ruft: »KI-ND 45. Kind!«

Dann: »MEI-SE 23. Meise!!«

Ich blicke auf die Fahrbahn neben mir und sehe lediglich: »HH-TS 4«.

Muddi: »KO-HL 88. Kohl!«

Ich: »UH-LS 13. Uhls?«

»Nee, das Wort gibt's ja gar nicht«, triumphiert Muddi.

Und wieder hat sie Glück: »WAF-FE 6. Waffe!«

Ich erblicke lediglich »STD-GL 19«.

»Ha! OD-ER 17. Oder.«

Nach zehn Minuten klinke ich mich aus.

Ich konzentriere mich nun auf den Straßenverkehr und die verspeiste Eierstulle, die gerade den Hosenbund zu passieren scheint.

Mit übermäßig gefülltem Magen sollte man eigentlich nicht Auto fahren, habe ich mal gelesen, und beschließe, meine heutige Nahrungsaufnahme als abgeschlossen zu betrachten.

»Also, ich finde, es ist Zeit für eine Essenspause, Laura!«, höre ich Muddi sagen.

Ich kann darauf gerade wirklich nicht antworten, Philipp hat seine Ohrstöpsel tief in den Gehörgängen stecken und befindet sich musikalisch aller Wahrscheinlichkeit nach in Südkorea.

»Da! Da!«, brüllt Muddi, obwohl ich nur wenige Zentimeter entfernt neben ihr sitze.

»Eine Raststätte in einem Kilometer! Wer weiß, wann die nächste kommt! Hier im Osten gibt es doch nicht so viele, hast du gesagt, Laura! Da, Laura, noch ein Schild, da fahren wir raus!«

26.

Wir fahren nach Stettin! »Wieso hast du Schwarzwälder Kirschtorte mitgenommen?«

Ich kurve bereits zum fünften Mal über den Raststättenparkplatz auf der Suche nach drei nebeneinander liegenden freien Parklücken. Warum? Weil Muddi eine Sozialphobie pflegt:

»Bitte nicht neben dem komischen Kauz da anhalten, Laura!«, rief sie, als ich in die erste Lücke, die sich uns bot, einbiegen wollte. »Da ist doch viel zu wenig Platz, wir sind hier doch nicht auf dem Campingplatz, Laura! Also wirklich ...«, hieß es bei der nächsten. »Fahr doch mal nach weiter hinten, da sind auch Plätze nebeneinander frei«, wies sie schließlich an, und ich gehorchte.

Tatsächlich finden wir am hinteren Ende des Parkplatzes drei nebeneinander liegende freie Plätze, in der mittleren Lücke halte ich an.

Muddi ist zufrieden und schnallt sich ab. »Seht ihr, so ist es doch viel gemütlicher!«

Wir steigen aus, ich nehme den Bastkorb, und wir gehen zu der nächstgelegenen Bank-Tisch-Kombination:

Beton in seiner schönsten Ausführung, ein in Stein gemeißeltes deutsches Sitzgruppenrelikt, das irgendwann sicher unter Denkmalschutz gestellt würde, wenn es dieses Möbel des öffentlichen Raums nicht auf fast jedem deutschen Rastplätz gäbe. Der große Mülleimer ist, wie sollte es anders sein, viel zu dicht in Tischnähe platziert, vor allem wenn man im Sommer reist und sämtliche Wespen und Fliegen aus der Umgebung ihr ödes Autobahnleben nur noch an einem solchen Eimer fristen.

Muddi stören die Wespen nicht. Sie breitet in aller Seelenruhe ein Geschirrtuch auf dem Betontisch aus und holt aus dem Korb all das heraus, von dem sie meint, wir müssten es jetzt verzehren.

»Ach Gott, ist das nicht schön? Sagt mal, ist es nicht einfach wundervoll, wenn man die erste Pause auf einer Reise macht?«

Hm ja, denke ich, ganz entzückend, wenn man von dem Bataillon einfliegender Killerwespen, der übertriebenen Fürsorge meiner Mutter UND dem Umstand, dass die Sonne unbarmherzig auf unsere Köpfe knallt, absieht!

Vor einer halben Stunde habe ich zwei Äpfel und eine Bifi essen müssen.

Jetzt drapiert Muddi auf dem Betontisch: sechs noch in Butterbrotpapier eingewickelte Brote, fünf Bifis, eine Packung Butterkekse, eine Tüte Waffeleier (die hat sie seit Ostern aufbewahrt) und selbstverständlich ein Päckchen Erfrischungsstäbchen.

Kennen Sie das Problem beim Genuss von Erfrischungsstäbchen? Einerseits schmecken sie interessant und auch wirklich »erfrischend«, andererseits verschluckt man sich spätestens beim dritten Stäbchen so sehr, dass einem irgendwer zügig auf den Rücken klopfen oder einen über das Knie legen muss, damit die Verwandtschaft als späteren Grund des Versterbens nicht eintragen muss: Krepiert an einem Erfrischungsstäbchen, Gott sei seiner / ihrer blamierten Seele gnädig!

Ich entscheide mich nun für ein von Muddi selbst belegtes Brot und wickle es aus. Mein Sohn macht es mir nach.

Ich möchte hier erwähnen, dass wir eine Wirklich-gern-und-viel-essende-Familie sind. Bei mir äußert sich das schon am frühen Morgen – egal zu welcher Uhrzeit, ich muss sofort nach dem Aufstehen erst einmal etwas essen. Sehe ich nach einer Stunde erneut etwas Essbares, das mir zusagt, vertilge ich auch das. Auf Reisen wird das Syndrom noch verstärkt. An frischer Luft nimmt es Ausmaße an ...!

So erklärt sich hier – falls Sie bei meinen Ausführungen doch erstaunt, wenn nicht sogar schockiert sein sollten – die erneute Nahrungsaufnahme trotz der bereits verzehrten Super-Eierstulle.

Als Philipp und ich unsere Brote ausgepackt haben, starren wir auf diese, sehen uns an, blicken erneut ungläubig auf die bevorstehende Mahlzeit und legen dann zeitgleich die Stullen auf den Tisch, um die einzelnen Schichten genauer betrachten zu können.

Torte. Der Begriff Torte würde das, was uns hier als Butterbrot offeriert wird, am ehesten treffen. Und so spricht Philipp endlich aus, was ausgesprochen werden muss. »Omi ... wieso hast du Schwarzwälder Kirschtorte mitgenommen?« Und zückt auch schon mal das Smartphone für ein gutes Foto.

»Hä?«, fragt Muddi völlig irritiert.

Sie blickt auf die beiden Brote und sieht eigentlich, genau wie wir, Folgendes: unten eine etwa 1 Zentimeter hohe Schwarzbrotscheibe, darüber etwa 2 Zentimeter hoch Butter, darüber etwa 3 Zentimeter hoch Leberwurst, darüber wieder 2 Zentimeter hoch Butter, abschließend wieder eine Schwarzbrot, etwa 1 Zentimeter hoch.

Macht zusammen ein doch recht ansehnliches Stückchen »Torte« von insgesamt mindestens acht Zentimetern!

Würde Muddi ein Fast-Food-Restaurant betreiben, würde sie dieses Produkt vermutlich »Doppel-Moppel-Butter-Sandwich« nennen. Und auf der Verpackung würden Sprüche wie *Es sieht nur nach Kalorien aus!*, *Es macht gar nicht so sehr dick!* oder *Du bist eh zu dünn, du kannst es vertragen!* in schönster Sütterlin-Schrift stehen.

»Ja hört mal, man muss doch auch was schmecken können!«, ereifert sich Muddi. »Wir haben doch nichts davon, wenn ich nur *andeute*, das Brot mit Leberwurst zu *benetzen* …, ich bin doch kein Dreisternerestaurant auf dem Champs-Èlysées, das nur einen Hauch von Trüffel bietet, ein Kleckschen Pfirsichschaum oder ein Pünktchen Schokomousse!«

Wow, wie meine Mutter doch immer wieder übertreibt, um ihr Handeln als normal begründen zu können!

Philipp seufzt, macht drei, vier Fotos und stellt sie bei facebook ein. Eine halbe Minute später haben rund 254 Menschen den »Gefällt mir«-Button angeklickt, wie er sogleich berichtet.

Nach einer guten halben Stunde räumt Muddi die Reste ihrer Verpflegung wieder in den Bastkorb, ich stelle den Korb ins Auto und möchte eigentlich wieder einsteigen.

Doch Muddi hat andere Pläne. Sie weist an: »Nee, Laura, wir gehen jetzt noch in die Raststätte rein! Ich möchte gern mal gucken, was es da heutzutage so gibt!«

Und als sie unsere Blicke sieht, fügt sie noch ausdrucksstark hinzu: »Du kannst es deiner alten Mutter doch wohl nicht abschlagen, wenn sie nach zehn Jahren zum ersten Mal wieder eine Raststätte betreten möchte?«

Ich weiß, was Sie denken, und Sie haben recht: Meine Mutter IST dominant, sie war es immer schon, und sie wird diesen Charakterzug auch nicht mehr ablegen. Wenn sich mit den Jahren etwas verändert hat, dann meine Reaktion darauf, dass sie mir ihre Ansichten stets aufoktroyieren will.

Weil sie eben nicht mehr die Jüngste ist, lasse ich es mir inzwischen gefallen. Schließlich müssen wir »alle und ständig und immerzu damit rechnen«, dass Muddi bald »das Zeitliche segnen wird«. Sagt sie zumindest.

Bald und demnächst und vermutlich morgen schon.

Das halte ich wiederum für ein Gerücht. Ich schätze, dass sie an unser aller Gräbern stehen wird, mit einem Doppel-Moppel-Butter-Sandwich in der Hand, und uns hinterherwinkt ... »Ich weiß, es gehört sich nicht, aber die Stullen lagen noch im Bastkorb, Kinder ... ihr versteht mich doch, ja?!«

Aber ich schweife ab.

Muddi sagt: »Ich kauf uns nur eben eine *Bild*-Zeitung!«, und wir betreten die heiligen Hallen der Autobahnraststätte.

Meine Mutter bleibt sofort am ersten Regal stehen, und es ist kein Zeitungsregal. Das ist typisch für Muddi. Es ist unglaublich, wie sehr sie visuell beeinflussbar ist. Es ist quasi unmöglich, mit meiner Mutter zielstrebig einkaufen zu gehen. Niemals wäre es möglich für sie, einen Einkaufszettel einfach nur abzuarbeiten. Um nichts in der Welt könnte sie lediglich »Eier, Butter, Milch« in den Warenkorb legen, wenn nur »Eier, Butter, Milch« auf dem Einkaufszettel stünde.

»Guckt mal, die haben hier ja gaaanz andere Kekse als bei uns!«, freut sie sich. »Soll ich ein Paket mitnehmen?«

»Wie du meinst«, sage ich, denn es wird nichts bringen,

wenn ich versuche, es meiner Mutter auszureden. Auch das Argument, das wir uns ja noch VOR unserer Reise nach Polen befinden, wo es sicher noch viele Kekssorten geben wird, die wir nicht kennen, würde nicht zählen.

In Gedanken sehe ich meinen Wagen bei der Abreise aus Polen: Der Kofferraum gefüllt mit unseren Koffern und Reisetaschen wie jetzt. Philipp und ich haben jeweils eine Tasche. Muddi einen Koffer und zwei Taschen. Dazu der Rucksack und der Bastkorb. Auf der halben Rücksitzbank werden dann aber bis zur Decke gestapelt diverse Tüten lagern, allesamt gefüllt mit Kekspackungen, Kuchen, Brot und Wurst aus Stettin. Im Fußraum wird meine Mutter einige Geschenktüten mit Souvenirs deponieren. Und auf dem Dach vermute ich ein geschnürtes Paket aus polnischen, bunt bemalten Kleinmöbeln, Bettdecken mit pommerschen Gänsefedern gefüllt sowie ausgegrabenen pommerschen Pflanzen, die zukünftig den Garten meiner Mutter zieren sollen.

Ich sehe Philipp mit angezogenen Beinen auf dem Rücksitz, ständig all das Eingekaufte fotografierend und bei facebook postend. Pling, pling ... 3546 »Gefällt mir«-Klicks innerhalb der ersten zehn Sekunden.

Und während es »Pling, pling« macht, sitzt Muddi vorne neben mir, zwei große Weißbrote aus Pommern und ein Paket mit dicken polnischen Würsten auf dem Schoß. Sie sinniert: »Ich hätte noch fünf Brote mehr mitnehmen sollen, Laura! Ich hätte das alles doch in der Gefriertruhe unterbringen können! Warum hast du mir denn nicht den Vorschlag gemacht?«

Ich werde aus meinen nicht gar so abwegigen Gedanken gerissen, als ich plötzlich lautes Lachen vernehme. Meinen Sohn entdecke ich neben mir, er kniet vor einem

Regal und begutachtet einige Manga-Hefte. Das Lachen kommt aus einer anderen Richtung. An der Kasse der Raststätte steht meine Mutter. Ich gehe zu ihr und sehe, dass auf dem Tresen die *Bild*-Zeitung, drei Pakete Kekse, zwei Tafeln Schokolade und ein Schlüsselanhänger mit der Aufschrift »Ich atme Berliner Luft!« liegen.

Muddi kramt in ihrer Handtasche herum, während sie sich mit dem Kassierer lachend unterhält. Dieser schlägt sich vor Vergnügen gerade die Hände vors Gesicht.

»Guten Tag!«, begrüße ich den Mann, einen vollschlanken, bärtigen Mittsechziger mit netten Grübchen in den Wangen. Die sieht man sofort, weil er so sehr lachen muss.

»Tachchen, jute Frau! Hör'n se ma, sie ham ja eene Mutti, da könn se aba froh seien, dat se die ham!«

Ich grinse blöd und blicke auf Muddi.

Die sieht mich lächelnd an und erklärt: »Laura! Du glaubst es ja nicht, der nette Herr hier kennt Eberswalde und das Schiffshebewerk! Weißt du, das Schiffshebewerk, das ich im Alter von drei Jahren gleich nach Eröffnung besucht habe! Gott, was ist das schön!«

»Mhm!«, mache ich und nicke.

»Und ich hab ihm erzählt, dass es damals beim Schiffshebewerk so einen Automaten gab, bei dem man 10 Pfennig hineinstecken musste, dann hörte man ein Huhn gackern und unten heraus kam ein Blechei gerollt, gefüllt mit kleinen Zuckereierchen.«

Ich nicke wiederum und versuche zu lächeln, was sich aber eher wie ein dümmliches Grinsen anfühlt.

Der Kassierer sagt: »Und wissen se, wat ick dann jesacht hab?«

Ich ahne Schreckliches.

»Ick ha'e jesacht: Enten lejen ihre Eia in Stille. Hühna jackern dabee wie varrückt. Wat ist die Folje? Alle Welt isst Hühnaeia!«

Muddi und der Kassierer brechen erneut in lautes Lachen aus, und ich lese später nach, dass der Spruch nicht von dem Herrn Kassierer stammt, sondern von keinem Geringeren als Henry Ford. Was den Herrn Ford dazu bewegt hatte, diese Worte auszusprechen, habe ich nicht herausgefunden. Was den Herrn Kassierer dazu bewegt hatte, diese Worte auszusprechen, war mir klar. Es war der unbändige Wunsch, mit einer ehemaligen Beinah-Berlinerin einen simplen Spaß zu treiben, Verbundenheit zu zeigen und den typischen Berliner Humor zu symbolisieren.

»Ach Gott, wie hat mir der Dialekt doch gefehlt«, sagt Muddi zu dem Kassierer.

»Na, dit Jeschäft is' richtich!«, sagt dieser. Und dann wendet er sich wieder mir zu.

»Mönsch, jute Frau, wat ham se füa eene lustije Mutti! Die hätt ick ooch jerne, dit könn se mia jlooben!«

»Wenn Sie möchten, können Sie Geschichten über meine Muddi lesen«, sage ich und ziehe einen Werbeflyer für mein erstes Muddi-Buch aus der Handtasche.

Staunend nimmt der Kassierer den Flyer entgegen und guckt ihn interessiert an. Er kommt aber nicht dazu, etwas zu sagen, obwohl er gerade schon Luft holt.

»Ja, und das ist alles gar nicht wahr! Al–les er-stunken und er-lo-gen!«, ruft Muddi empört. Dann seufzt sie, zuckt mit den Schultern, hebt eine Augenbraue und fügt hinzu: »Na ja, das meiste sind Erfindungen, der Verlag meint wohl, dass sich der Erfolg lediglich durch unsagbar übertriebene Geschichten einstellt … So ist doch kein Mensch!«

Der Kassierer schaut zuerst Muddi an und sagt: »Na Mönsch, dit iss ja'n Ding, jute Frau!«

Mit einem Augenzwinkern zu mir sagt der Kassierer dann: »Allet jelogen, haha! … Na, man muss wat tun füa sein Jeld, wa? Na, denn lassen se ma een Paa' Flyer hia. Ick mach Werbung füa Mutti! Mit jute Jeschichten isset ja nich allzu dünn jestreut, wie ick dit sehe!«

Wer Muddi kennt oder auch nur einmal erlebt hat, erkennt eben auch die Wahrheit!

»Und Ihnen, Mutti, wünsch ick noch 'ne jute Reise!«, sagt der freundliche Mann mit Berliner Schnauze.

Ich nicke und muss jetzt auch lachen, und nachdem meine Mutter sich überschwänglich verabschiedet hat und sie mit Philipp Richtung Ausgang steuert, reicht mir der Kassierer zwinkernd noch eine kleine Flasche Cola über den Ladentisch zu.

»Hia, die schenk ick Ihnen. Koffein soll ja wach halten und die Ausdauer fördan!«

Ja. Ausdauer kann ich gebrauchen!

Ich danke dem freundlichen Mann und folge Muddi und Philipp zum Auto in der hintersten Reihe des Parkplatzes. Weiter geht's …

27.

Wir fahren nach Stettin! »To jest to, co jest! – Es ist, wie es ist!«

»Was sagst du? Wir sind schon in Polen, Laura?«

Meine Mutter sieht mich von der Beifahrerseite her entsetzt an.

Ich nicke.

Theatralisch schlägt sie ihre Hände zusammen und ruft aus: »Woran soll man das denn erkennen? Es ist weder Grenzpolizei noch Zoll zu sehen?«

»Stimmt«, antworte ich. »Na ja ... eben stand auf einem Straßenschild *Polska* ...«, bringt sich Philipp gewohnt ruhig ein.

»Aber da kann ja jeder alles Mögliche hinein- und hinausschmuggeln, das ist ja fürchterlich!« Muddi schüttelt ihr ergrautes Haupt.

Dann, nach einer kurzen Weile, fragt sie mich: »Eh, wie viele Stangen Zigaretten darf man noch mal ausführen?«

Für mich hört es sich an wie: »Jetzt, da keine Grenzposten mehr existieren – da geht doch was?!«

Und schon bestätigt Muddi meine Gedanken: »Das merkt keine Sau, wenn man mehr exportiert ...«

Hatte ich schon erwähnt, dass meine Mutter von Hause aus eine gepflegte Ausdrucksweise pflegt? Befindet sie sich jedoch in Aufregung und möchte sie ihrer Gemütslage Ausdruck verleihen, driftet sie gern in eine möglichst drastische Umgangssprache ab.

Ich sehe im Rückspiegel, dass mein Sohn dies mit einem dicken Grinsen quittiert.

Als wir den Ort erreichen, in dem meine Mutter geboren wurde, erwarte ich einen Freudenschrei. Doch sie schaut nur neugierig, als wir das Ortsschild mit der Aufschrift »Dabie« passieren. In Altdamm, wie dieser Ort früher hieß, wuchs Muddi wohlbehütet auf. In ihrem Kopf tummeln sich jetzt sicher Tausende von Kindheitserinnerungen. Erinnerungen an ein kleines Dorf, in welchem sich eine Grundschule, eine Kirche, ein Rathaus und ein kleiner Park befanden.

Alles perfekt gepflegt und akkurat, ein deutscher Traum der Dreißigerjahre.

Die Wochenenden verbrachte die Familie am Damm'schen See, am endlos langen weißen Sandstrand, und war glücklich, glücklich und nochmals glücklich … Und jetzt sind wir hier und werden eintauchen in diese ländliche Idylle voller Glück fernab jeglicher Konsumwelt.

»Halt! – Stopp!«, brüllen Muddi und Philipp fast zeitgleich. »Ein Lidl!«

Die Begeisterung erfasst auch mich im Sturm. Sofort bremse ich ab und lenke den Wagen auf den Parkplatz des Discounters, dessen Filialnetz sich über ganz Europa erstreckt, wie ich aus eigener Feldforschung weiß. Lidl in Belgien, Italien, Frankreich, Griechenland, auf Malta, in Irland und der Schweiz, um nur einige Länder zu nennen.

Wie schön! So altvertraut und doch so anders präsentiert sich mein Einkaufsparadies, die Shoppingquelle mit Niedrigpreisen, das Geschäft mit wöchentlichen Neuangeboten, die die Welt nicht braucht! Wie mögen hier in Polen die Tische voller aktueller Mainstreamware aussehen? Wie die Wurstabteilung, wie das Naschwerk polnischer Schokoladenfabriken? Aber die wichtigste Frage: Wo bekomme ich einen günstigen und geräumigen Anhänger her, wenn der Kofferraum, die Rücksitzbank und das Autodach nicht mehr genügend Platz für die Mitbringsel aus Polen bieten?

Während ich in der benachbarten Tankstelle noch flugs meine Euros in Zlotys umtausche, stürzen sich Muddi und Philipp bereits auf einen Einkaufswagen und stellen fest, dass der Einkaufschip aus Deutschland auch hier in den Schlitz passt. Ich kann auf 500 Meter Entfernung und durch schlecht geputzte Tankstellenfensterscheiben das Leuchten in ihren Augen sehen!

Als ich einige Minuten später den hiesigen Lidl betrete, steht meine Familie gebückt vor einem Regal, gefüllt mit diversen Wurstsorten.

Sie werden sich hier sicherlich fragen, weshalb man auf einer Reise den Lidl besucht. Ich kann es Ihnen nicht genau erklären, aber wir machen das seit einigen Jahren exakt so. Egal, wo in Europa wir uns gerade befinden: Der erste Stopp ist bei Lidl, also auch in Polen.

Meine Mutter hält fünf Pakete Kohlwurst in den Händen, während Philipp versucht, die Angaben zu den Inhaltsstoffen einer Leberwurstrolle zu entziffern. Dies fällt ihm nicht so leicht, da sein Polnisch lediglich auf zwei Worte beschränkt ist: »dobry« und »chleb«, »gut« und »Brot«. Koreanisch oder Japanisch käme ihm entgegen, meint er, doch slawische Sprachen seien der Graus. *Von wem er das Sprachtalent für asiatische Sprachen wohl hat?*, frage ich mich, während ich mich zu ihm und der polnischen Leberwurstrolle hinunterbeuge.

Ich lese auf der Packung: *przyprawy* und *wzmacniacze smaku* und überlege, weshalb der Pole an sich mit so unendlich vielen überflüssigen Konsonanten anderen Europäern den Zugang zu seiner Sprache verwehrt.

Immerhin habe ich mir von polnischen Freunden, die schon viele Jahre in Hamburg leben, ein paar Sätze für Touristen beibringen lassen. Aber das ist natürlich nicht dasselbe, wie tatsächlich Polnisch zu sprechen und zu verstehen.

Es kommt mir so vor, als handele es sich um eine extrem knifflige Geheimsprache, die nur die Polen en détail beherrschen, eine Sprache beherrscht von zischenden S- und Z- und C-Lauten. Und wenn man als Resteuropäer nun staunend oder beinahe entsetzt einer polnischen Unterhaltung ausgesetzt ist, bilde ich mir ein, sie sehen dich an, als würden sie sagen: »Selbst schuld, dass du kein Pole bist. Lern's doch, lern's doooch!« Und mit einem süffisanten Grinsen im Gesicht vermuten sie: »Es wird dein Tod sein!«

Ich vermute Intensivstationen in polnischen Krankenhäusern, überfüllt mit zungenamputierten Menschen, die sich bei der Aussprache des Wortes *stowarzyszenie* ihren Sprechmuskel zerfetzt haben!

»Sieh nur, Laura, Schnittlauchscheren!«

Unglaublich, denke ich, als ich Scheren mit fünf Schneidblättern sehe, und lege sofort eine in unseren Einkaufswagen.

Philipp hat es die Backform in Kathedralenform angetan, sie kostet 33 Euro, und eigentlich ist sie nicht im Budget enthalten, wenn ich mir noch Kleidung im Balkanstil oder polnische Kuhbonbons kaufen möchte. Aber der übliche Augenaufschlag meines Sohnes erweicht mein Mutterherz und »*Nordicware pieczenia catedra*« landet neben vier Stuhlhussen (*Sukienka na krzesło*) und kunterbunten Geschirrtüchern (*Ścierki*) in meinem *koszyk*, ehm: Einkaufswagen.

Nach einer Stunde Lidl-Einkauf sind wir endlich bereit, weiter zum Hotel zu fahren. Der Fußraum hinter dem Fahrersitz ist bis auf Sitzbankhöhe gefüllt.

»*To jest to, co jest*«, flötet Muddi vergnügt. Ihr ist plötzlich ein altes polnisches Sprichwort wieder eingefallen. »Das heißt: *Es ist, wie es ist*, Kinder.«

28.

Wir fahren nach Stettin! »Ruf Laszlo an!«

Am Nachmittag erreichen wir trotz zuweilen rätselhafter Beschilderung und eigenwilliger Straßenführung den Parkplatz unseres Hotels in Stettin am Damm'schen See und blicken erst einmal versonnen auf den romantischen Jachthafen mit den vielen Segelbooten, deren Maste ganz in den Krallen der hiesigen Seevögel sind. Was Muddi wohl jetzt denkt? Mir wird selbst schon ganz nostalgisch zumute.

»Also wenn die Reiher das, was sie am Morgen gegessen haben, durch ihren Enddarm wieder herausplumpsen lassen wie andere Vögel auch, dann möchte ich die Dächer dieser hübschen weißen Kajüten jetzt nicht von oben sehen«, sagt Muddi ganz ohne Nostalgie in der Stimme.

Im nächsten Moment maunzt eine schwarz-weiße Katze wie zur Begrüßung und streicht um unsere Beine herum.

»Och guckt mal, hat *die* winzige Pfötchen ...« Muddi bückt sich, um die Katze zu streicheln, und dann klingt ihre Stimme mit einem Mal doch etwas nostalgisch, als sie sagt: »Das ist bestimmt noch ein Urenkel von den deutschen Katzen, die nach dem Krieg hierbleiben mussten.«

Genau, denke ich. *Für die Katzen war es vermutlich unerträglich, in alliierte Hände zu fallen.*

Und ich sehe sofort abenteuerliche Bilder vor meinem geistigen Auge.

Die Kater sitzen noch in den Schützengräben und fauchen laut den russischen Invasoren entgegen (die tanzten allesamt Kasatschok und waren an der gewaltigen Wodkafahne zu erkennen – Katzen haben nicht umsonst ein phänomenales Riechorgan), während die Kätzinnen, berucksackt und mit jeweils mindestens acht Katzenkindern im Entenmarsch gen Grenze flohen … Gerade sehe ich noch das kleinste Katzenkind vor mir, wie es immer langsamer wird und seine Mutter und die Geschwister kaum noch aufholen kann und bitterlich weint und miaut und miauuut, als Muddi mich aus meinen zugegebenermaßen wirren Träumen reißt.

»Laura, hörst du mir überhaupt zu? Ich hab dich jetzt schon zweimal gefragt, ob wir die Koffer und Taschen jetzt schon hineintragen wollen!«

»Nö, erst mal sehen wir uns die Zimmer an«, antworte ich. »Philipp und ich haben die paar Sachen später schnell aus dem Auto geholt.«

An dieser Stelle möchte ich ganz selbstkritisch auf mein schwindendes Urteilsvermögen bezüglich verbal angekündigter Aktionen, die sich später aber niemals so ausführen lassen, hinweisen.

Je älter man wird, desto häufiger stellt man fest, dass man sich eigentlich viele Vorabgespräche sparen könnte.

Denn erstens kommt es anders und zweitens als man … denkt.

Ohne weitere Worte zu verlieren, schreiten wir nun Richtung Hoteleingang, neben dem ein Baugerüst aufgestellt ist, auf dem zwei Männer stehen und zu uns herunterblicken.

Ich nicke freundlich, niemand nickt zurück.

Ich überlege, dass ich mit der nonverbalen Begrüßung ja eigentlich nichts falsch gemacht haben konnte. Dann grüße ich verbal, nicht polnisch und nicht deutsch, sondern der Einfachheit halber auf Englisch und dabei freundlich lächelnd mit einem »Hello!«.

Die beiden Bauarbeiter nicken, allerdings ohne erkennbare Mimik.

Ich mutmaße, wenn ich einen kompletten polnischen Begrüßungssatz ausgesprochen hätte, hätten sie mit einem »Hello!« geantwortet … frei nach dem Motto: Biete viel, ernte wenig. Aber das soll mich ja alles zu Beginn unseres Urlaubs nicht demotivieren, und ich denke mir lediglich, dass hier nun gerade mal zwei untertariflich bezahlte Herren mit schlechter Laune herumstehen und sich langweilen, derweil die Arbeit liegen bleibt. Und ich empfinde es selbst als eine enorme Leistung meiner Auffassungsgabe, dass ich, ohne das Land und die Leute zu kennen, dermaßen schnell Land und Leute einschätzen kann. Dabei bin ich mir ganz sicher, dass bei dieser Meinungsbildung keinerlei Vorurteile am Werke sind.

In der Empfangshalle angekommen, steure ich direkt auf die Empfangsdame am Empfangstresen zu und erwarte, empfangen zu werden. Ich sage meinen auswendig gelernten Empfangssatz: »*Dzień dobry wszystkim*«, aber die Dame blickt nur kurz zu mir herüber – ohne erkennbare Mimik – und unterhält sich dann mit einem Handwerker, der hinter uns zur Tür hereingekommen ist.

Und nun passiert etwas, das einem mit meiner Mutter eigentlich immer passiert, wenn SIE ein erforderliches Agieren abwälzt, man ihrer Meinung nach DANN aber NICHT RICHTIG agiert: Sie mischt sich ein.

Und zwar mit erkennbarer Mimik. Und allgemein hörbar.

»Sag mal, hat die dich nicht gehört? Sind wir plötzlich unsichtbar geworden, oder was ist das hier?«

»Ich weiß es auch nicht, Muddi?«

»Ja, du musst wohl noch mal was sagen, Laura!«

»Und was, Muddi?«

»Na, frag sie doch einfach mal, ob sie keine Hotelgäste brauchen.«

»Super Idee, Muddi. Und was heißt ›*Brauchen Sie keine Hotelgäste*‹ auf Polnisch?«

Für eine Weile ist meine Mutter in ihre Schranken verwiesen, und ich wende mich erneut der Rezeptionistin zu.

»*Sorry Madam, we reserved a three-bed-room, and we would like to check in!*«

Die Empfangsdame sieht mich an, als hätte ich ihr gerade den dritten Weltkrieg erklärt.

Ich überlege, ob mein Englisch nun wirklich dermaßen saumiserabel ist oder die Dame einfach nur einen schlechten Tag hat.

Dann plötzlich, als sei Strom in ihren Körper gefahren, lächelt sie und begrüßt uns freundlich.

Anschließend sieht sie in ihrem Buchungsplan nach und … findet nichts.

»*Oh sorry* …!« , sind ihre ersten Worte. Und dann sprudelt es nur so aus ihr heraus, auf Polnisch. Ich verstehe natürlich kein Wort und sage ihr, auf Englisch, dass ich sie nicht verstehe.

»*Oh, no good english*!«, erwidert sie knapp.

Ich versuche es auf Deutsch.

»Nein, nicht gut deutsch!«, ergänzt sie ebenso knapp.

»Français?«, frage ich.

Achselzucken.

Und so stehe ich völlig hilflos in einem polnischen Hotel, nur fünf Kilometer von der deutschen Grenze entfernt, in dem allem Anschein nach kein Zimmer für uns reserviert ist, und kann auch vermutlich nichts regeln, nur weil damals in Babel irgendwelche kleingeistigen Menschen einen Turm bauen wollten! »Wohlan, lasset uns hinabsteigen und dort verwirren ihre Sprache, dass sie nicht verstehen. Einer die Sprache des anderen«, heißt es schon in der Bibel. *Genau. Danke, Gott!*

»Die findet die Reservierung nicht! O-mein-Gott!«, bringt Muddi es knallhart auf den Punkt.

Und während ich noch geistig alle möglichen Sprachen durchgehe, von denen ich ansatzweise irgendetwas abgespeichert habe, demotiviert Muddi mich mit einer Tirade großen Ausmaßes.

»Was machen wir denn nun? Das kann doch nicht sein, dass ein internationales Hotel Leute hinsetzt, die keine andere Sprache als die eigene verstehen! Jetzt sitzen wir hier fest! Wir sitzen hier fest, Laura! Du meine Güte, was machen wir denn jeeetzt?«

»Muddi? Kannst du bitte aufhören, hier die Pferde scheu zu machen? Ich hab mir den Beginn unserer Reise auch anders vorgestellt!«

»Ja, aber was heißt denn die *Pferde scheu* machen? Du siehst doch selber, dass wir hier wie dumm-blöd herumstehen und niemand uns versteht!«

»Aber vielleicht können wir ja doch etwas regeln!«

»Ja, aber wie denn? – Ruf Laszlo an!«

»Hä? Der kann ja nicht mal mehr richtig ungarisch!«

»Ja. Und das ist eine Schande!«

»Eine Schande? Wie bist du denn jetzt drauf?«

»Er hätte Philipp bilingual erziehen können! Solch eine Chance haben nicht viele Kinder!«

»Aber Philipp konnte doch schon längst sprechen, als Laszlo in unsere Familie kam!«

»Ich finde trotzdem, es ist eine Schande!«

»Oh fu..!!«

Philipp zupft mich am Ärmel.

»Die Reservierung stand in einem anderen Buchungsplan. Kommt ihr?«

Und während Muddi und ich wie verblödet auf den Schlüssel in Philipps Hand starren, schnappt mein Sohn sich zwei Koffer und geht beschwingt durch den Hotelflur.

Um nicht in ein langes Essay über die Umstände im Hotel zu verfallen, stelle ich für Sie der Einfachheit halber eine kleine Liste mit »Ups« and »Downs« auf.

Hier geht's los.

Ups:

- Das Zimmer mit vier sauberen Einzelbetten bietet einen sensationellen Blick auf den See.
- Die Schränke bieten sehr viel Platz für unsere Kleidung.
- Im hoteleigenen Restaurant bekommen wir ein bodenständiges, doch abwechslungsreiches Frühstück.
- Wir haben einen Farbfernseher auf dem Zimmer.
- Der Internetzugang funktioniert einwandfrei.

Downs:

- Die Innentemperatur beträgt dank schwüler Spätsommerabende und fehlender Klimaanlage rund 30 Grad Celsius.

- Aufgrund des Wetters und der Lage direkt am See befinden sich nachts rund fünftausend Mücken im Zimmer.
- Das Klopapier ist dünn wie Spinnenweben und nach zweimaliger Benutzung der Toilette aufgebraucht.
- Die Duschtasse steht lediglich durch die Kalkablagerungen am Rand.
- Die Ablage über dem Waschbecken hat rund zwanzig Brandlöcher.
- Der Teppichboden weist einige etwas größere Flecken unbekannten Ursprungs auf.
- Das Zimmer befindet sich (ich hatte bei der Buchung nicht daran gedacht, dass Muddi schlecht Treppen steigen kann) im ersten Stockwerk, und Muddi muss die Treppen rückwärts und auf allen vieren hinunterkrabbeln.
- Der Flurheizkörper hängt zwischen zwei Treppenabsätzen, in rund zwei Meter Höhe.

Letzteres belastet uns nicht weiter. Es gibt jedoch Anlass, Muddi sagen zu lassen:

»Nun guck sich das einer mal an! Das ist ja ein Schildbürgerstreich ohnegleichen. Oder vielmehr ein Szczecinbürgerstreich. Oder sie haben einen 3 Meter großen Hausmeister.«

Das im wahren Wortsinn *tollste* Hotelerlebnis ist jedoch Folgendes:

Auf dem Spülkasten der Toilette fehlt der Knauf zum Spülen. Lediglich die für den Knopf vorgesehene kleine Stange, die so dünn wie ein Streichholz ist, steht aus dem Spülkasten heraus.

Somit wird jeder Spülakt zur echten Herausforderung!

Und der Zeigefinger zeigt deutliche Spuren der verflucht anstrengenden Nutzung dieser »Spülstange« auf …

Weil ich unsere Reise in Stettin nicht damit beenden möchte, dass ich mit einem Loch im Zeigefinger abreise, gehe ich mit Philipp zur Rezeption und frage mit Händen und Füßen nach einer Lösung für die Misere.

Als die Rezeptionistin endlich verstanden hat, worum es geht, strahlt sie, sagt »Moment!« und verschwindet kurz in ihrem Büro.

Ich vermute, dass sie den Hausmeister anruft und um Hilfe bittet.

Doch das ist weit gefehlt.

Frau Palizynska – wir kennen inzwischen den Namen unserer Empfangsdame – tritt aus dem Büro, hält einen kleinen blauen Gegenstand in der Hand und freut sich anscheinend über die Idee, den Spülknopf einfach durch den Schraubverschluss einer Mineralwasserflasche zu ersetzen!

»Machen drauf, einfach!«, sagt sie und lächelt.

Soll ich Ihnen etwas sagen?

Wir freuen uns auch darüber! Und wir machen drauf!

Was soll es bringen, in stundenlangen Gesprächen ohne wirkliche Verständigungsmöglichkeiten einen Handwerker ordern zu wollen?

In jedem Fall werden wir drei die Tage in Stettin niemals vergessen.

Mit jedem Erlebnis in der altvertrauten und doch auch fremden Stadt – natürlich flucht Muddi hier und da über gewisse Begebenheiten – blüht meine Mutter immer mehr auf. Jeder Baum, der alte Erinnerungen weckt, tut ihr gut. Auch wenn sie manchen Ort kaum wieder erkennt, auch wenn sie sich nicht zurechtfindet, weil Straßen und Namen sich geändert haben, fühlt sie, wo sie wann etwas erlebt hat, damals, als sie Kind war und geborgen in ihrer Familie. Sie weint, als sie einen alten Luftschutzbunker sieht. Sie weint, als sie ein mit Efeu überwuchertes Denkmal wiedererkennt. Sie weint, als sie vergeblich nach Zäunen und Bänken und einem bestimmten Schulgebäude sucht. Und trotzdem steht sie jeden Morgen mit Freude auf, wenn sie erwacht und aus dem Fenster des Hotels auf den See schaut oder den Kirchturm von Altdamm erblickt, der unverändert wie in den alten Zeiten das Stadtbild prägt. Manches ist eben immer noch wohlbehalten und bleibt wohl auch noch in Zukunft erhalten, trotz der Kriegszeiten und trotz aller Entwicklungen. Und das zu erleben gibt Muddi Ruhe und Bestätigung.

Wir besichtigen die Hakenterrasse, an der wir im schönsten Sonnenschein in einem amerikanischen Restaurant deutsches Bier zu polnischen Teigtaschen mit Schweinefleischfüllung und französischer Mousse au Chocolat trinken.

In einer der großen Einkaufsmalls kaufen wir im dortigen, gigantisch großen Really-Market russische Brötchen, polnischen Wodka, italienische Karamellbonbons und amerikanische Erdnusskugeln, die es nur hier mit tiefdunkler Bitterschokolade überzogen gibt.

Wir schwelgen bei dem Angebot der Weißbrotvariationen!

Und aus der Grilltheke würden wir am liebsten mindestens dreißig Pakete unglaublich interessant zusammengestellter Fleischsorten mitnehmen.

Es lebe Multikulti, es lebe die Vielfalt!

Schockiert sind wir über alte Jugendstil-Villen, deren Fassadenbrocken dem Anschein nach noch im Vorgarten herumliegen, genau so, wie sie im Krieg durch Detonationen abgefallen waren.

Wir fahren zufällig – weil ich mich verfahren habe – durch eine Vorstadt und fühlen uns von den grauen, schiefen Häusern am Straßenrand, die sich noch im Originalzustand von 1945 befinden, wie erschlagen.

Und es ist sehr irritierend, als wir direkt vor einem der Luxus-Einkaufspassagen mitten auf dem Bürgersteig einen abgewetzten Sessel sehen, auf dem sich bereits seit Wochen leere McDonald's Trinkbecher und Wodkaflaschen türmen.

Trotzdem ist die gesamte Atmosphäre überwiegend beglückend für uns, man hat das Gefühl, dass alles nach vorne strebt, vor allem die Jugend. Junge Frauen in hübschen, schwingenden Kleidern, die Geige auf dem Rücken, auf dem Weg zur Musikhochschule. Grüppchen von jungen Leuten, die auf einer der Oder-Fähren singend zu einer der Inseln reisen, die es hier zuhauf gibt. Nicht umsonst bedeutet Pommern, wie ich im Internet nachlese »*po more*«, also »am Meer gelegen«.

Diese Mischung aus strebsamem Vorwärtstreiben und einer leichten Melancholie, die über der ganzen Stadt liegt, berührt uns.

Muddi holen die alten Zeiten vor allem wieder ein, als wir den Damm'schen See aufsuchen. Ich finde zuerst nicht den richtigen Zugang. Die Ringstraße, in der meine Mutter als Kind gewohnt hatte, existiert leider nicht mehr. Mit polnischen Straßenkarten können wir wirklich nichts anfangen. Und so lasse ich einfach mein Navigationssystem laufen und folge irgendwelchen Straßen, den See immer im Blick.

Und plötzlich ruft meine Mutter auf: »Hier waren wir früher!«

Das Stückchen Strand, vor dem wir parken, entpuppt sich als Strandbad mit großen, alten Kastanien neben dem Eingangstor.

»Oh, Laura, sieh nur, die dicken Kastanien auf dem Boden!«

Wie Sie sich inzwischen denken können, nachdem Sie meine Familie kennengelernt haben, sammeln wir als Erstes so viele Kastanien wie möglich auf und deponieren sie im Auto, ehe wir an den Strand gehen! Wir lassen uns nichts, aber auch GAR NICHTS entgehen!

Die Badesaison scheint heute nicht ihren Höhepunkt zu haben. Eine Familie mit zwei Kleinkindern und wir sind die Einzigen, die nun am Strand entlangschlendern.

Muddi erinnert sich: »Früher standen hier viele weiße Badekabinen aus Holz. Und da rechts neben dem jetzigen Vereinshaus war eine kleine Tribüne, auf der an jedem Wochenende eine Musikkapelle spielte. Und von dem Badesteg dahinten sprangen die Jungs wie verrückt und ganz wild ins Wasser, weil sie vor uns Mädchen angeben wollten …«

Es ist schön, dass ich eine rege Fantasie habe. Ich sehe das alles, was Muddi erzählt, vor mir. Und ich kann die lachenden Mädchen hören, wenn sie sahen, dass einer der Jungs versehentlich mit einem Bauchklatscher im Wasser landete.

Meine Mutter kann nicht an sich halten, und wir hören die Geschichte, die wir schon so oft von ihr erzählt bekommen haben.

»Damals war ich mit meiner Schulklasse hier. Ich konnte noch gar nicht schwimmen. Ich stand ziemlich tief im Wasser und muss wohl ausgerutscht sein. Plötzlich fand ich mich kriechend auf dem Boden des Sees wieder. Ich wusste nicht mehr, wo ich war, hab mich dann aber mit den Händen im Sand in Richtung der Sonneneinstrahlung an den Strand gerobbt. Und irgendwann konnte ich dann aufstehen und war wieder bei den anderen Kindern.«

Ich denke so bei mir: *Da hatte sie ja mehr Glück als …*, da plaudert Muddi schon weiter. »Und Muttis Freundin ist genau hier in den Zwanzigern ertrunken. Später erzählten sie, dass man sie gefunden hatte, nach einigen Tagen. In ihrem Kopf steckten zwanzig Aale!!«

»O mein Gott!«, höre ich meinen Sohn. Erstaunlicherweise kannte er die Geschichte noch nicht.

Flugs macht er ein Foto und postet die Geschichte im Internet.

Ich breite unsere Picknickdecke aus und stelle den Campingstuhl für Muddi auf.

Und dann sitzen wir am Strand.

Muddi blickt auf den See und schweigt.

Ich lasse sie.

Es ist ja nicht nur, dass auch Philipp und ich diesen Moment des Schweigens genießen. Muddi soll ruhig ihren Gedanken nachhängen. Und es gibt vielleicht sogar einige, die sie nicht teilen möchte. Auch nicht später.

Am Ende der Stettin-Tage können wir sagen, dass wir alle drei jede Minute mit allen Sinnen aufgesogen haben. Jede Wehmut bei Muddi haben Philipp und ich mitgefühlt. Und wir haben alle drei den eindrucksvollen Aufschwung in Szczecin erkannt.

Ich beschließe, irgendwann wiederzukommen und die Entwicklung des »Floating Garden's« – einer Stadt mit viel Raum, mitten im Grünen und durchzogen von Flüssen und Seen – anzuschauen, die sich Stettin vorgenommen hat.

Do zobaczenia wkrótce! Bis bald, Szczecin!

29.

Wir fahren nach Stettin! »Es wird immer später, und wir finden nicht nach Hause!«

Auf der Rückfahrt summe ich. *Hab' mein Wagen vollgeladen, voll mit ...* Wurst aus Polen, einem älteren Weib und einem jungen Mann!

Philipp, Muddi und ich befinden uns auf der Autobahn, als meine Mutter plötzlich ausruft: »Oh, da stand eben ›Eberswalde‹ auf dem Schild! Da haben ja meine anderen Großeltern gewohnt!«

Ich sage nichts und nehme die Abfahrt von der Autobahn.

»Was machst du?«, fragen meine Mutter und Philipp wie aus einem Mund.

»Wir besuchen das Schiffshebewerk in Eberswalde«, antworte ich.

Und im schönsten Sonnenschein fahren wir zwischen Kanal und Buchenwald zu der von Muddi sagenumwobenen Touristenattraktion.

Und Muddi strahlt in freudiger Erwartung und plaudert:

»Ich war drei Jahre alt, als wir das Hebewerk besucht haben! Das war kurz nach der Eröffnung! Und jetzt komme ich nach so langer Zeit zurück!«

»Ich weiß, Muddi«, sage ich und lächle.

»Schade, der Automat mit den Blecheiern wird wohl nicht mehr da sein …«

»Nein, Muddi, nach siebenundsiebzig Jahren wohl kaum.«

»Schade.«

»Ja.«

Kaum haben wir den Parkplatz erreicht, suche ich die Toilettenhäuschen auf.

Ich staune nicht schlecht, als ich erkenne, dass draußen vor den Häuschen eine Drehschranke – wie auf einer U-Bahnstation – postiert ist.

Fünfzig Cent soll ich einwerfen, erst dann kann ich durch das Drehkreuz zur Notdurftstätte gelangen.

»Was soll so was denn?«, echauffiert sich eine Dame vor mir.

Ein älterer Angestellter der Toilettenanlage ruft ihr in schönstem Berliner Dialekt zu:

»Kannste nich lesen? Fuffzich Cent oda du musst wieda jehn! Mönsch, muss ick dit denn ooch noch voalesen, oda wat??«

Bei so viel Autorität krame ich schnell eine Münze aus meiner Handtasche.

Später besichtigen wir das Hebewerk, und ich bin wirklich beeindruckt von der Optik des Bauwerks.

Muddi plaudert im Souvenirladen mit der Verkäuferin, ungefähr eine Stunde lang. Das Ergebnis ist, dass die junge Frau Muddi mit Baumwolltaschen, Aufklebern und Buttons ausstattet, für die meine Mutter nicht einen Cent bezahlen muss.

Irgendwann dann fahren wir nach dieser schönen

Zwischenstation weiter gen Heimat. Zumindest *wollen* wir das gern tun.

Ich kann Ihnen nicht sagen, was schlimmer war: die Kommentare meiner Mutter oder die Tatsache, dass man manchmal trotz eines super funktionierenden Navigationssystems einfach nicht mehr nach Hause findet.

Zunächst erscheint mir noch alles ganz einfach. Ich folge den Vorgaben des Navis und sehe, dass wir nach einem Kilometer die Auffahrt zur Autobahn erreicht haben.

Leider ist die Auffahrt auf dem real existierenden Schild am Straßenrand rot durchgekreuzt, und ich muss einer Umleitung folgen. Vor mir fährt ein Lkw aus Polen. Ha, denke ich, der kennt sich hier sicherlich aus und kommt auch mit Umleitungen klar. Außerdem kann ja nicht viel passieren, mein Navi behält den Überblick.

»Karin«, die sympathische Navigationsstimme, verrät: »In zwei Kilometern nehmen Sie bitte die Ausfahrt 22. Sie fahren auf die Autobahn.«

»Na, Gott sei Dank!«, kommentiert Muddi.

Das nächste Verkehrshinweisschild zeigt jedoch wiederum, dass auch diese Auffahrt gesperrt ist.

Der Lkw vor mir wird langsamer. Anscheinend muss nun auch der Berufsfahrer überlegen.

Wir passieren also erneut eine Auffahrt und folgen der Umleitung.

Eine weitere Autobahnauffahrt ist auf der Karte meines Navis nicht mehr zu finden. Aber ich vertraue auf die Technik und unsere Geduld.

Der polnische Leidensgenosse fährt nun vor uns in eine kleine Ortschaft, umfährt wie wir zwei Kreisel, bugsiert um drei Baustellen herum, passiert rechterhand ein wunderschönes Restaurant mit einem nett angelegten Fischteich und folgt weiterhin den Umleitungsschildern.

Von einer Autobahnauffahrt ist weit und breit nichts zu sehen.

»Du meine Güte, wo sind wir hier denn nur?«, fragt meine Mutter.

Philipp durchforscht inzwischen die Karte des Navis. Ohne Kommentare. Das ist ein gutes Zeichen, weil mein Sohn stets die Ruhe und uns vielleicht vor größerem Schaden bewahrt.

Vorbei an Buchenwäldern, Maisfeldern und Bauernhöfen folge ich dem Polen über einen großen Kreisel.

Der Fahrstil des Lkw-Fahrers wird zunehmend ruppiger, weil vermutlich ungeduldiger. Was ich sehr gut nachvollziehen kann.

Und plötzlich befinden wir uns wiederum in der kleinen Ortschaft mit den zwei Kreiseln, den drei Baustellen und dem wunderschönen Restaurant mit Fischteich.

Als der Lastwagen nun wieder etwas langsamer fährt (ich hätte zu gern mal gelauscht, wie der Fahrer im Inneren seiner Kabine flucht), jammert Muddi: »Um Gottes willen, wieso sind wir denn wieder hier?«

»Ich habe keine Ahnung, ich bin exakt der Umleitung gefolgt ...«, sage ich nun doch recht verzweifelt und nehme einen Schluck aus einer Cola-Flasche.

»Ja aber, das gibt es doch gar nicht! Es wird immer später, und wir finden nicht nach Hause!«, resümiert meine Mutter.

»Hättest du nicht zwei Stunden mit der Verkäuferin in Eberswalde geplaudert, hätten wir bis zum Eintritt der Dunkelheit noch sehr viel Zeit«, höre ich meinen Sohn hinter mir. Selbst Philipp wird nun ungeduldig.

»Was? Ich wollte doch gehen, aber sie hat mich ja quasi *ausgefragt* nach meiner Kindheit! Haargenau wollte sie alles wissen! Außerdem war das eine sehr nette Frau, die es ja auch nicht gerade leicht hat im Leben. Ihre Mutter hat Brustkrebs, ihr Mann ist im letzten Jahr verstorben, und vermutlich wird ihr Hund in einigen Wochen eingeschläfert!«

»Das hat sie dir alles erzählt?«, hakt mein Sohn erstaunt nach.

»Ja. Und ich habe genau gespürt, wie gut es ihr tat, *einmal* mit jemandem darüber sprechen zu können!«

Muddi schnappt sich einen Bonbon aus dem Handschuhfach und knistert lange mit dem Papier, eh sie den leicht angeklebten Drops gelöst hat und ihn sich beleidigt in den Mund schiebt.

Der Pole und ich haben auf der Landstraße inzwischen ein recht ordentliches Tempo.

Meine »Karin« weist ständig darauf hin, dass wir »demnächst« den Anschluss an die Autobahn suchen müssen, und dann stehen wir zum dritten Mal vor dem Ortsschild der kleinen Ortschaft mit den zwei Kreiseln, den drei Baustellen und dem wunderschönen Restaurant.

Der Lkw hält. Ich stoppe dahinter.

Meine Mitfahrer und ich schweigen. In meinem Kopf gehe ich viele Szenen diverser Endzeit- und Science-Fiction-Filme durch.

Mir fallen Begriffe ein wie: Parallelwelt, schwarzes Loch, Raum-Zeit-Kontinuum oder auch Zentrifugalbeschleunigung.

Gerade bin ich im Begriff, auszusteigen und mit dem Polen Kontakt aufzunehmen, als dieser mit seinem Lkw kehrtmacht und mit einem Wahnsinnstempo in eine andere Straße hineinfährt. Einfach so.

Philipp zappt sich durch die Navi-Karte und stellt trocken fest: »Nach circa einem Kilometer landet der in einer Sackgasse. Er wird zurückkommen.«

Inzwischen sind beinah zwei Stunden vergangen, in denen wir uns keinen Zentimeter in Richtung Heimat bewegt haben.

»Was sollen wir denn jetzt machen, um Himmels willen?« Muddi rauft sich den Dutt.

»Ruf Laszlo an!«

»Laszlo kommt ohne sein Navi nicht mal bis zum nächsten Aldi, Muddi.«

»Ach, verdammter Mist!«

Meine Mutter blickt zur Windschutzscheibe hinaus und schüttelt den Kopf.

»Wären wir nur *nie* nach Stettin gefahren«, sagt sie.

»Bitte? Wieso *das* denn nun?«, möchte ich erfahren.

»Und wenn ich daran denke, dass das alles nur meine Schuld ist, weil ihr mir mit der Reise einen Gefallen tun wolltet …!«

Sie wischt sich eine imaginäre Träne aus dem Gesicht.

»O Gott, Muddi!«, rufe ich gefolgt von einem Stöhnen und lasse dann meinen Kopf aufs Lenkrad fallen.

»Womit hab ich diese Mutter bloß verdient?«, frage ich mein Steuerrad.

Muddi erwidert mit einem weinerlichen Unterton, der sich gewaschen hat und durchaus beim Casting einer Soap Opera wie *GZSZ* oder *Sturm der Liebe* gewinnen könnte:

»Mit dihiier ist es auch ganz oft ganz und gahaar nicht einfach, Lauraaa!«

Bitterböse Blicke treffen mich wie Pfeile in mein Herz, da höre ich von hinten:

»Wenn ihr dann jetzt bitte die Szene aus den *Dornenvögeln* verlassen könntet, würde ich vorschlagen, dass wir die nächste Straße links abbiegen. Ich habe die Karte hochgezoomt und einen Weg bis zur Autobahn gefunden.«

Was soll ich Ihnen sagen? Nach insgesamt zehn Stunden Fahrt stehen wir bei Mondschein in unserer Auffahrt in Hamburg.

»Und das nächste Urlaubsziel erreichen wir mit einem Flugzeug!«, sage ich zu Muddi, als ich endlich die Handbremse anziehe.

Und wissen Sie, was sie daraufhin sagt? Genau:

»Ja, verdammt!«

30.

»Laura, wir heben ab!«

Fünf Wochen später sitze ich neben Muddi in einem Airbus A 320, Muddi am Fenster, die Finger in die Oberschenkel gekrallt.

Die Stewardess lächelt Muddi zu, sie ist ein Fan von Muddi, nachdem sie von ihr alles über mich, meinen Mann, meinen Sohn und den Umstand, der zu dieser Reise führte, erfahren hat.

Meine Mutter sieht mich ängstlich an, wobei ich nicht genau weiß, ob sie wirklich ängstlich ist oder nur so tut – um nur mehr Aufmerksamkeit von der sooo netten Stewardess zu bekommen –, und sagt: »Ach, Laura! Wieso hab ich mich nur dazu überreden lassen? Was soll ich denn nur in Paris?«

»Paris hat nicht nur Schick, Muddi, sondern auch den Eiffelturm! Hast du doch gestern noch selbst gesagt!«

Muddi vergisst ihre ängstliche Miene und lächelt.

Dann, als unser Flieger die Startbahn entlangbraust, blickt sie nach vorne, greift meinen Arm und flüstert: »Laura, wir heben ab! Laura, jetzt heben wir gleich wirklich ab!«

Und ich? Ich bin mehr als zufrieden! Mit dem Ende meiner Geschichten und der Tatsache, dass Muddi ganz real abhebt.

Was ich allerdings nicht bedacht habe: Ich werde anderthalb Stunden Muddis Gesprächen mit der Stewardess, ihren Disput mit dem Herrn vor ihr sowie ihren ganz allgemeinen an alle gerichteten Bemerkungen und nicht zu vergessen den geflüsterten Kommentaren an meine Adresse lauschen müssen und kann nicht kurzfristig parken und am Seitenstreifen ein Zigarettchen rauchen. Eigentlich rauche ich ja auch gar nicht mehr … Aber immer, wenn ich Muddi nicht mehr gewachsen zu sein scheine, hilft mir ein wenig Nikotin. Für diese Notfälle trage ich ständig ein Päckchen Slimline-Zigaretten bei mir!

Kurzzeitig habe ich schon überlegt, mir aus den Niederlanden ein wenig Haschisch zu besorgen, aber ich kenne mich damit wirklich nicht aus, leider!

31.

Abspann oder Unterhaltung 10.000 Meter über dem Meeresspiegel

Muddi: »Du meine Güte, der vor mir hat den Sessel nach hinten geklappt, Laura! Wie soll ich denn da noch meine Beine bewegen können?«

Laura: »Das ist hier nun einmal keine Business Class, Muddi! Und die anderthalb Stunden wirst du wohl die Beine still halten können.«

Muddi: »Ach, hätte ich das vorher gewusst.«

Laura: »Dann hättest du uns zwei Tickets vorne in der Eliteklasse besorgt?«

Muddi: »Nein, dann wäre ich gar nicht erst geflogen. Ich brauche mein Geld für den Gärtner!«

Laura schweigt.

Muddi: »Kannst du schon erkennen, was sie zum Kaffee servieren? Kuchen? Obst? Eis?«

Laura: »Nein, sie sind noch ganz hinten im Gang. Woher weißt du, dass es jetzt Kaffee gibt??«

Muddi: »Ich kann es riechen.«

Muddi: »Laura, ich hätte gern das Halstuch aus meinem Rucksack. Es zieht hier wie Hechtsuppe. Kannst du es mir eben aus dem Rucksack rausholen?«

Laura: »Wieso willst du das denn jetzt haben?«

Muddi: »Weil es hier zieht wie Hechtsuppe. Sagte ich doch. Hat mich ja auch keiner gewarnt, dass es im Flugzeug dermaßen eisig ist.«

Laura steht auf, öffnet das Bordcase über den Sitzen, zieht den Rucksack heraus, verschließt das Bordcase, setzt sich hin, zieht das Halstuch aus dem Rucksack und reicht es Muddi. Dann steht sie auf, öffnet das Bordcase, schiebt den Rucksack hinein, verschließt das Bordcase wieder und setzt sich erneut hin.

Muddi: »Ach, Laura, ich hab hier ja schon ein Tuch in meiner Handtasche! Kannst du das andere bitte wieder oben in den Rucksack tun?«

Muddi: »Sieh mal aus dem Fenster, Laura! Wie niedlich die Flüsse aussehen, das ist ja unglaublich!«

Laura nickt.

Muddi: »Und die Felder! Wie akkurat sie aussehen, so schön gerade und einheitlich!«

Laura: »Mhm!«

Muddi: »Ich glaube, ich habe eben Rehe gesehen! Stell dir das mal vor, Laura!«

Laura: »Du kannst von hier oben keine Rehe erkennen, Muddi, glaub's mir.«

Muddi: »Aber ich könnte drauf wetten!«

Laura: »Aber es kann einfach nicht sein.«

Muddi: »Gott, was bist du besserwisserisch! Ich habe Rehe gesehen, und dabei bleibe ich!«

Laura schweigt.

Muddi: »Und was passiert, wenn man mal hier zur Toilette gehen muss?«

Laura: »Musst du?«

Muddi: »Nein, Gott bewahre!«

Laura: »Und warum fragst du dann?«

Muddi: »Wo bleibt denn der Unrat? Saugen sie das nach der Landung ab?«

Laura: »Es wird verklappt. Direkt hier oben.«

Muddi: »Ach du sch…! Huch, Schande!«

Laura: »Exakt!«

Muddi schweigt.

Muddi: »Ach, vor und während der Landung muss man sich auch wieder anschnallen?«

Laura: »Ja, natürlich.«

Muddi: »Das ist doch unsinnig! Wenn mit dem Ding ein Unfall passiert, ist doch eh Hopfen und Malz verloren, und wir verbrennen wie Zahnstocher im Gas-Grill!«

Laura: »Wenn du meinst?!?«

Muddi: »Na, den Start eben hat der Herr Pilot doch ganz prima hinbekommen! Was meinst du, ob ich mal kurz zu ihm gehen könnte und ihm gratulieren??«

Laura: »Neiiiiiiiin!!«

…

Merci!

An erster Stelle möchte ich mich bei Kurt Heering bedanken, der mit Engelsgeduld hinter mir stand und auch an weniger erfolgreichen Tagen nicht nur Agent, sondern auch ein echter und guter Freund war. Auch mal nachts um zwei Uhr.

Meine Autorenkollegen und ich, die wir uns alle durch Kurt gefunden haben, können bis heute nicht glauben und fassen, dass er im letzten Jahr verstorben ist. Noch so viele Fragen sind offen. Uns fehlt Kurt, bei allem, was wir erarbeiten. Wir vermissen seine Zuversicht, seinen Glauben an unsere »brotlose Kunst«, seine Intelligenz und seine Umtriebigkeit. Beinahe jeden Tag. Es ist schwer ohne ihn, und ich persönlich wünsche mir mehr von dieser Sorte Mensch, die in unserem Beruf so immens wichtig wäre.

Ich danke meinem Sohn von Herzen, ohne ihn wäre das Buch nur halb so schön geworden. Er half so manches Mal nach, wenn ich mein Gedächtnis kurzfristig verloren hatte. Seine positive Energie hilft nicht nur beim Bücherschreiben!

Besonderer Dank gilt meiner Nachbarin und Freundin Margrit Rix, weil sie mir Unmengen an Cappuccino kredenzt hat, wenn mein Koffeinspiegel zu sinken drohte. Jede Plauderpause mit ihr habe ich als äußerst erholsam empfunden.

Zudem möchte ich ihr zu ihren fabelhaften Kindern Tom, Toni und Jonas gratulieren, denen ich versprochen habe, sie kämen im allernächsten Buch namentlich vor!

Danke auch an meine Duni, einfach so im Allgemeinen.

Sie weiß, warum. Mehr Worte sind hier nicht nötig.

Eine Menge Spaß hatte ich mit Anita bei diversen Kaffee-Konferenzen. Ich bin so froh darüber, dass wir uns damals in den Stadtwiesen kennengelernt haben, liebe Freundin!

Leipzig forever! In Leipzig traf ich Silke Porath, eine gute Facebook-Freundin und Kollegin. Lieben Dank für den schönen Abend und die interessante Leserunde! Du – machst – Mut! Danke für deine Freundschaft.

Wie immer auch ein Gruß an meine Anna Dorb, sie kennt Muddi ja schon so lange und telefoniert ab und zu mit ihr, wenn ich gerade in Buxtehude bin. In der Zeit kann ich dann getrost fernsehen, ohne unterbrochen zu werden!

Ein Gruß an Sasha Hamovic, der Muddis Blasenentzündung mit Senfstullen geheilt hat!

Ich glaube, wir werden noch einiges von Sasha hören oder lesen: Kurt wollte es so!

Ein Gruß an Emma Pe: Die Zigarette an Kurts Grab – das hätte ihm gefallen. Hab dich einfach lieb.

Elke Schwab: Wir haben uns über facebook und durch Kurt kennengelernt. Und Kurt hat uns zusammengeführt. Ich bin glücklich, dass wir uns kennen!

Yvonne de Bark: Auch, wenn wir uns nicht sehr gut kennen – eins ist gemeinsam: Kurt.

Danke auch an Tommy Krappweis, auch eine Freundschaft, die durch Kurt entstanden ist. Ich freue mich auf jede Lesung von dir. Danke für deine Zuverlässigkeit und Spontaneität.

Einen Gruß sende ich hier an Jörg Mehrwald und bedanke mich nochmals für meine Teilnahme am Leipziger Buchmessen-Video!

Danke an Mareike Neukam, allein schon für die Vorfreude auf mein Buch, als wir uns in Hamburg trafen!

Ein Dank an Sylvia Gredig, die irgendwie alles versteht, unheimlich geduldig ist und auch den notwendigen Humor besitzt!

Falls ich jemanden vergessen haben sollte, dem ich zu Dank verpflichtet wäre:

Merci, die Gingko-Kapseln nehme ich gleich ein!

Laura Windmann

Der Urlaub könnte so schön sein – wenn nur die anderen Touristen nicht wären …

Raymund Krauleidis
ACHTUNG, GLOBETROTTEL!
Wovor Sie sich im Urlaub hüten sollten
224 Seiten
mit zahlreichen Abbildungen
ISBN 978-3-404-60783-9

Vorfreude ist bekanntlich die schönste Freude, vor allem auf die wohlverdienten Ferien. Doch warum nur sind die anderen Urlauber immer so komisch, um nicht zu sagen peinlich, anstrengend und nervig? Klarer Fall, sie haben sich eine Urlaubskrankheit eingefangen! Denn schneller als man meint, hat man Abschaltschwäche, Sandalismus oder gar das fiese Restless Kids Syndrom an der Backe. Doch keine Sorge, hier erfahren Sie nicht nur alles über diese und viele andere Urlaubskrankheiten, sondern auch über die wirksamsten Präventionsmaßnahmen und Heilmittel gegen all diese Leiden.

Bastei Lübbe